ウィリアム・ブリッジズ
William Bridges, PhD

スーザン・ブリッジズ
Susan Bridges

トランジション マネジメント

組織の転機を活かすために

Managing Transitions

Making the Most of Change

ウィリアム・ブリッジズと
彼が遺したレガシーに捧ぐ

Managing Transitions :
Making the Most of Change
4th Edition

by William Bridges, PhD,
with Susan Bridges

This edition published by arrangement with Da Capo Press,
an imprint of Perseus Books, LLC,
a subsidiary of Hachette Book Group, Inc., New York, New York, USA
through Tuttle-Mori Agency, Inc., Tokyo.

本書の初版が25年前に出版されたとき、それはまさに時代をとらえたものだった。

だが、いまだかつてない変化とトランジションが起こる現代においてもなお、その内容は有意義だ。

不安定さに満ちた変化に対するブリッジズ夫妻の見識、そして、その変化を乗り越える助けとなる戦略は、この時代に何よりも求められている。

――マーシャル・ゴールドスミス
（エグゼクティブ・コーチ、ビジネス教育者、ニューヨーク・タイムズ紙ベストセラー作家。Thinkers50による世界の経営思想家50人のひとりに選出）

序文

パット・レンシオーニ

ウィリアム・ブリッジズのトランジション理論は、私個人の人生とキャリアの両方において、あまりに大きな位置を占めているため、その偉大さは簡単には言い表すことができない。そこで、私がこの理論と出会ったきっかけからお話ししたいと思う。

ウィリアムと初めて会ったとき、私は目の前にいる人物が、世界的に著名な作家であり思想家であることをまったく知らなかった。組織コンサルティングの世界を学ぼうと、企業訪問に訪れた先で彼を紹介されたのだ。

ウィリアムは、進むべきキャリアを模索している二三歳の若者に対し、親切に、そして辛抱強く接してくれた。だがそのときは、自分がその後三〇年にわたって彼の理論を活用し、クライアント、友人、家族が人生のなかで困難な、しかし実り多い時期を乗り越える手助けをすることになるとは、まったく想像もしていなかった。

トランジションマネジメントの手法を通して、私はこれまで、驚くほど多種多様な人々や状況と出会ってきた。企業合併や新しい工場の設立といった課題に取り組む企業のトップから、修道会の立て直しを目指す司祭、初めての子育てや転職、あるいは進学によって子供を手放すことに悩む親まで、さまざまな人々にウィリアム・ブリッジズのトランジション理論を紹介してきたが、みな口をそろえてこう言うのだ。「これですべてが変わった」と。

往々にして、われわれ、あるいはわれわれの組織は、変化に直面すると、葛藤し、なぜこうなったのかと悩む。あらゆる論理的な解決策、データから導き出した手法、技術的なアプローチを試してはみるものの、どれもうまくゆかず途方に暮れてしまう。そこでウィリアム・ブリッジズのトランジション理論を学ぶと、変化とトランジションはまったくの別物だということに気づく。

そして最終的には、成功と失敗、変化をともなう成長と苦痛に満ちた退化、そのどちらの道に進むかは、まさに人間的な部分（ビジネスやリーダーシップ、人生にとって完全に予測不能な部分であり、学者や専門家たちが見過ごしがちな要素）にかかっている、ということが理解できるようになる。物事がうまく運ぶようになり、安堵するクライアントや友人たちの姿は、いつ見ても感動する。

ウィリアムの考察は驚くべき力を秘めているだけでなく、時代をも超越している。それは、私が初めてウィリアムから学んだ一九八〇年代当時と変わることがなく、現代にも通用し、そして誰もが簡単に適用することができる理論である。ウィリアムと話し、その教えを受けたとき、彼はこれほどまでにやさしく思慮深いからこそ、このトランジション理論を生み出したのだ、とすぐに想像できた。あれから三〇年近く、ウィリアムが亡くなったいまでも、彼の理論は私を根底から支え続けてくれている。

長年、この理論に助けられてきた多くの人と同じように（私もその一人だ）、あなたも本書を通じて、心の安らぎと勇気とひらめきを得られるよう願っている。

（著述家、経営コンサルタント／二〇一六年）

謝辞

スーザン・ブリッジズ

二〇一四年の年末。ある雨の日の夕方、私はパリにいた。夕食に向かうため、ホテルの部屋を出ようとしたそのとき、一通のメールが届いた。『Managing Transitions』の刊行二五周年を記念して、改訂版を執筆しないかというものだった。トランジションのコンセプトは、いつの時代にも通用する。だが、その理論を最新のデータやエピソードや事例に反映させるのに、これほど良いタイミングがあるだろうか？　私はもちろん「イエス」と返事した。

長年にわたり、クライアントたちから、組織や個々の人生のなかで直面するトランジションを乗り越える一生もののスキルを、いかにして身につけたかという話を聞くたびに、大いに刺激を受けてきた。人間として成長を続け、生まれ変わり、人生をより良いものにするために、自分の力をどう活用していけばよいのか、その方法を、多くの実例から学び、そして読者のみなさんと共有できる機会が持てたことをうれしく思っている。

コンサルタント、専門家、クライアント、同僚といった、たくさんの方が、変化が世界にもたらす衝撃と、そうした衝撃が組織や個人を絶え間ないトランジションへといざなう過程についての見解、専門知識、エピソードを快く提供してくださった。みなさんの貴重なお時間と寛大なご協力なくして、この改訂版はできなかった。心より感謝の言葉を申し上げたい。

本書の編集者で、つねに明るい励ましと、前に進む勇気を与えてくれた、クレア・イベットにも感謝を。クリエイティブ・ディレクターのアレックス・カムリンは、本書のために美しい表紙を仕上げてくれた。また、マーケティング担当のケビン・ハノーバーとジリアン・ファレルがすばらしい仕事をしてくれたおかげで出版にこぎつけることができた。広報担当のリサ・ウォーレンは、数十年という長きにわたり、的確な助言と価値ある成果をもたらしてくれている。そして、いつも静かに私を導いてくれるジョン・ラドジビチにも、大いなる感謝を捧げたい。

調査やインタビューにその才能を存分に発揮し、さらに編集アシスタントも務めてくれたジョン・フラッドに特別の感謝を。

リンケージの仲間たちは、この一〇年間、ウィリアム・ブリッジズ認定プログラムの重要なパートナーとして活動を続けてくれている。プログラムを新鮮で、刺激的で、創造性にあふれたものにしようと、彼らが考え出す革新的で、時代の最先端をゆくアイデアには、いつも感銘を受けている。彼らのおかげで、私たちだけでは到底成し得なかった結果を手にすることができた。このトランジション理論という伝説を生かし続けてくれていることに感謝している。

リーダーシップの分野における、オピニオンリーダー、作家、コンサルタントの集合体であるラーニング・ネットワークの一員として、この二〇年間、ウィリアムと私は多くの方々と友情を育んできた。みなさんの助言や賢明さやユーモア、そして思いやりに深く感謝している。

私やウィリアムの友人たち、そして私たちの家族にも感謝を。みんなの励ましがあったからこそ、最後までやり抜くことができた。

ウィリアムと私は、三〇年前に同僚として出会い、その一〇年後に結婚し、ビジネスの場を広げ、この驚くべき航海へと乗り出した。私たちは人生と仕事をともにし、その間、互いに尊敬し、笑い、支え、励まし合い、揺るぎない愛情を注いできた。ウィリアムが二〇一三年に亡くなって以来、私は人生のトランジションを経験しているが、ウィリアムの無限の英知はいまも私にインスピレーションを与えてくれている。人生の本質はトランジションにあり、そのトランジションのなかに、希望や創造力、洞察力や可能性が秘められていることを感じない日はない。ウィリアムが残してくれた大いなる遺産は、いまこの瞬間も息づいている。

（二〇一六年）

目次

はじめに

「人が病気になるのは、たいてい変化に襲われたときだ」
ヘロドトス（古代ギリシャの歴史家）

本書の初版が刊行されてから二五年が経った。その間、私はさまざまな企業や個人と仕事をしてきたが、誰もが一様に変化の速さを口にするようになった。実に多くの人が、これまでに体験したことのないような変化が、いまこの時代に起きていると感じている。

かつて隆盛を誇った大企業も、トランジションへの対応が遅れたために衰退し、産業全体がその構造改革に乗り出し、方針を大きく転換する政府も多い。テクノロジーがビジネスのやり方を変えたのだということは、私たちの周囲を見れば一目瞭然だ。新興産業が、伝統的な産業に影響を与えている。インターネットやソーシャルネットワーキング、スマートフォンのアプリケーションがコミュニケーションの手段を根底から変化させた。いまや、二四時間いつでも情報が手に入り、その情報は、国や社会の隅々まで一瞬のうちに拡散していく。抜け目のないライバルたちが大きな飛躍を遂げる一方で、この変化に適応できない組織はどんどん取り残されていく。

この新しい世界の現実に適応するために、経営者たちは深刻な問題と直面することになった。目まぐるしく変化する状況のなかで、従業員に対して新しいやり方に慣れるための時間をほとんど与えられないまま、組織改革を、構想段階から一気に実行に移さなければならなくなったのだ。それだけでなく、社会に蔓延する経済的な不安とも戦わなければならない。従業員たちは、将来の生活に不安を感じ、この不安定な経済状況はいつまで続くのか、次に何が起こるのか、はたして自分たちは立ち向かっていけるのかと、頭を悩ませることになる。

一方で、労働そのものも変化している。文化や宗教的背景が異なる多様な人々が同じ職場で働くようになり、女性がリーダーシップを発揮し、同僚の年齢層も広がり、遠隔勤務も増えている。職場では、自分で考え、個人あるいはチームとして、柔軟性を持って働き、創造力を発揮し、リスクを厭わず、最善の結果を求めて、顧客サービスに一層力を入れるよう求められる。従業員は、仕事に身も心も捧げなければならない。だが、住宅ローンや債務の返済、養育費や保険料の支払いのことで悩み、不安を覚える彼らを、経営者はどうやってやる気にさせればよいのだろうか。

変化し続ける環境のなかで、人や組織を管理することは、リーダーが直面する最も難しい課題の一つだ。未来に明るい兆しがないわけではないが、不確かで不安定な要素があふれていることに変わりはない。こうした状況では、リーダーは楽な方法や、目先の結果にこだわった戦略を選択しがちである。だが、そうなってはいけない。

良いニュースもある。それは、いま私たちが直面している変化が、いまだかつて経験したことのないものだとしても、その変化を乗り越えるためのトランジションのプロセスがすでに確立されているということだ。この新しい社会には、私たちがまだ理解できていないことも多いが、変化というものが人々にもたらす影響や、それを乗り越える方法はわかっている。ここで、私たちの最初の著作『トランジション——人生の転機を活かすために』（邦訳：パンローリング）の重要な考察をいまいちど紹介しておこう。「カオスは単なる混沌ではない。それは純粋なエネルギーの最初の状態であり、真の『新たな始まり』を迎えるために人間が回帰する場所なのだ……」

変化の波に漂うトランジションに対応するため、私たちのボートには頼りになる〝オール〟がある。変化の不確かな側面からは距離を置きつつ、いま何が起こっているのかを理解し、この先に待ち受けるさまざまなトランジションをどう乗り越えるか、その方法を把握しておくことで、心の平穏が得られる。状況を変える道は確かにあるはずだ。

みなさんに覚えておいてほしいのは、これは一九九一年の初版でも述べたことだが（そしていまも変わらず真実であるが）、望む結果が得られるかどうかは、古いやり方を捨てて、新しいやり方で始められるかどうかにかかっている。誰でもそれまでのやり方には愛着を持っているため、淡々とそれを捨てることなどできないのだ。

また、トランジションマネジメントは、あなたがすでに身につけている能力と、誰でも容易に習得することができるテクニックが基本になっている。個人のプライバシーに踏み込もうとするものでもない。トランジションマネジメントは、みなが快適に生きていくための一つの方法にすぎない。

私とウィリアムは、組織の変化や、そこで（理論や良識から考えると起こり得るはずの）変化が起こらない理由について、長年興味を抱いてきた。数十年にわたって、専門家として組織のなかで起こる変化に対処する方法を探り、あらゆる種類の組織（私企業、政府、非営利団体、社会）のコンサルティングを行ってきた。そのなかで私たちは、変化が人生にもたらす脅威への対処方法を教えないまま変化への抵抗感を払拭させようとしても、自滅的な結果を生むだけだと学んだ。

トランジションマネジメントのスキルを磨くことで、これまでの人生のなかで培ってきた、あなた本来の良識を引き出し、新しい方法を受け入れるための手段と方法を手に入れることができるだろう。トランジション理論を理解することで、自信を持って行動し、明瞭な意思を伝え、この人になら安心してついていけると思わせるリーダーシップを発揮できるようになるはずだ。私たちは誰かに、過去にあなたと同じ経験をして、それを乗り越えてきたと言われるとほっとするものだ。

トランジションマネジメントは容易だと言うつもりはない。だが、誰にでも可能だということは知ってほしい。誰にでもできるのだから、試してみて損はない。カオスを通り抜ける入り口と方法を探しているのなら、この本がきっとお役に立てるはずだ。

第Ⅰ部　問題

第1章　問題は「変化」ではない

「賢明さとは、まず物事を正しい名で呼ぶことから始まる」　中国のことわざ

「何より悲惨なのは、先頭に立って振り向いたとき、そこに誰もいないことだ」
フランクリン・デラノ・ルーズベルト（アメリカ合衆国大統領）

私たちの人生を左右するのは「変化」ではなく「トランジション」だ。変化とトランジションは同じものではない。変化とは、新しい場所への移転や、創業者に代わる新たな最高経営責任者（CEO）の就任、組織内での役割の変更、新しい技術の導入といった状況が変わることを意味する。一方、トランジションとは心理的に変わることである。トランジションとは、変化がもたらす新しい状況について理解を深め、受け入れようとするときに、私たちがたどる三段階のプロセスである。

変化について語られることがあっても、トランジションについて触れられることはまずない。だが、トランジションは「余裕があるときに考えればいい」といった、変化のおまけではない。あるいは単なる添え物のように、状況が落ち着き、問題が片づくまで放っておいてよいものでもない。

どれだけ変化に備えていたとしても、トランジションのプロセスを乗り越えられなければ意味がない。トランジションなき変化など、部屋の模様替えにすぎない。私たちが「何もかも変わってしまったように見えて、実のところ何一つ変わっていない」などと言うのも、つまりはそういうことなのだ。鳴り物入りで始まった改革が、かかった経費の割に思ったほどの成果を生み出さないときもそうだ。期待通りの結果を得るためには、トランジションを乗り越えることが何よりも重要なのに、それが語られる機会はほとんどない。

ここで一つ例を見てみよう。イタリアの巨大服飾ブランド、ベネトンはかつて、将来有望な事業多角化計画に乗り出していた[1]。ベネトンは、スキーブーツ・メーカーのノルディカ、スキー板メーカーのケスレー（のちにノルディカが吸収合併）、インラインスケート・メーカーのローラーブレード、テニスラケット・メーカーのプリンス、そしてスノーボード・メーカーのキラーループといった、スポーツ用品を製造するトップブランドの買収を決定する。各ブランドの顧客が、スポーツウェアやスポーツのあとに着る衣類として、ベネトンの製品にも手を伸ばすと考えたのだ。

興味深い構想であったことは確かだ。ベネトンはこの買収に一〇億ドル近くの資金を投じた。巨大企業にはありがちなことだが、ベネトンもまた、成功間違いなしのこのグローバル・ブランドの一員になりたがらないブランドなどないと決めつけていた。こうした買収事業の目玉ともいうべき相乗効果や市場規模拡大による利益を追求しようと、買収した各ブランドを新しい親会社の傘下に組み込んでいった。手始めに、営業部門とマーケティング部門を統合し、組織の結束を固めることを目的に、各ブランドの人材を、ニュージャージー州ボーデンタウンに新設したベネトン・スポーツシステムに異動させたのである。

問題はどこにあったのだろうか。雲行きが怪しくなり始めてからもなお、この買収事業を何とか継続しようと力を尽くした人物はこう語っている。「この業界に身を置く人間は、そのスポーツを実際にプレーするのが好きだという理由で働いていることが多い。だからその楽しみを奪われてしまったら、そこにいるべき理由がなくなってしまう。仕事にやりがいも張り合いも感じられなくなるんだ」。例えば、ローラーブレードの社員は、買収前は昼休みになるとミネアポリスの美しい湖畔の公園でスケートを楽しみ、本社ビルの外でローラーホッケーをしていた。ベネトンは、そうした実態も、ローラーブレードの社員の四分の三をリストラすることが残された社員に与える影響についても、考慮していなかったに違いない。

買収事業の存続に取り組んだ人物によると、リストラを免れたローラーブレードの社員二一名をニュージャージー州へと異動させるには、昇給や昇進、「異動から一年以内であれば引っ越し費用は会社持ちでミネソタ州に戻ることができ、最大で二年間は退職手当を支給する」といった条件を提示しなければならなかった。そうして異動した社員たちの多くは、異動先で元ノルディカの製品を担当することになった（社員全員が解雇されたテニスラケット・メーカーのプリンスに比べると、まだましな状況だったかもしれない）。

この買収劇が繰り広げられた年のベネトンの最終損益（つまり、すべてを白日の下にさらす数値）

トランジションの３段階

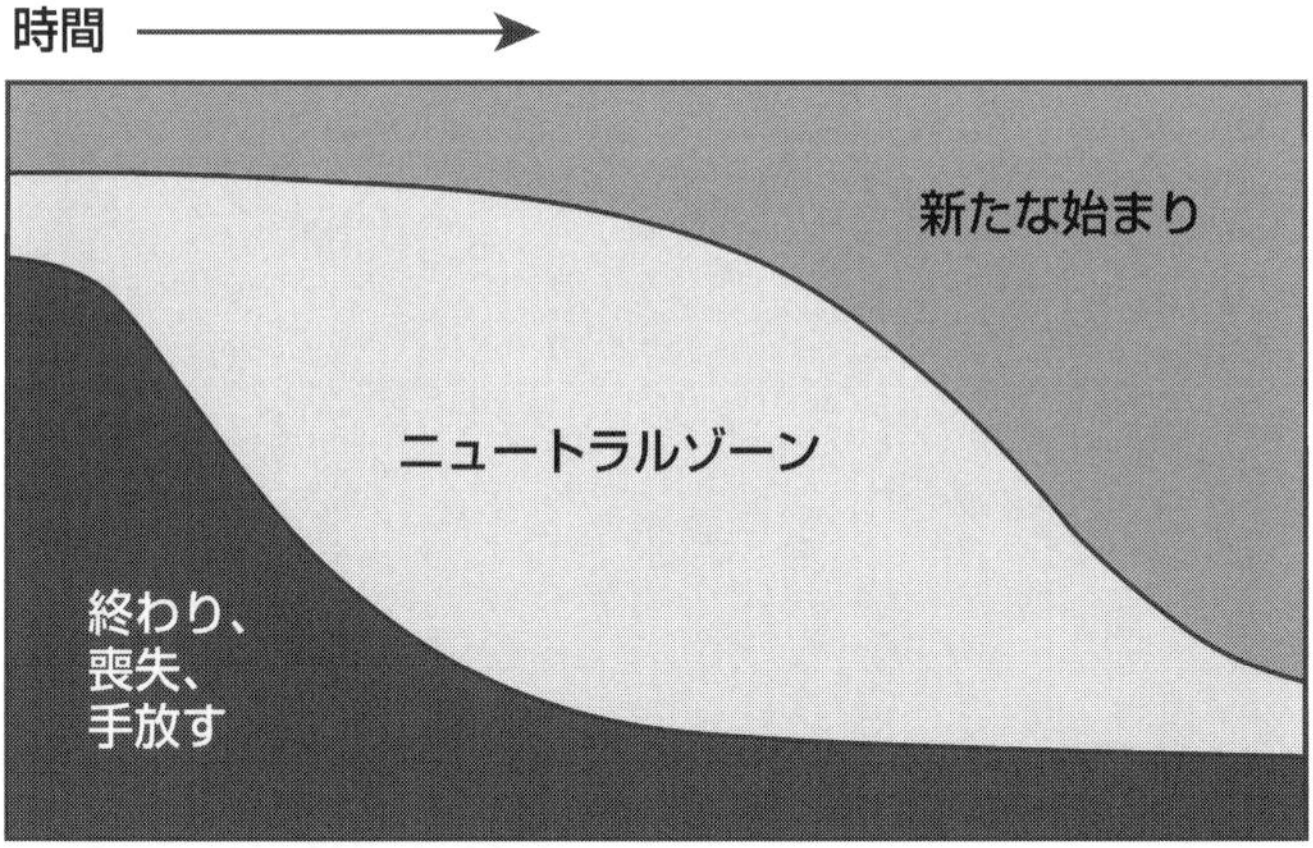

を見ると、年度当初、ベネトンはアメリカで五〇〇万ドルの利益を得ていたにもかかわらず、最終的には三一〇〇万ドルの損失を計上することとなった。ちなみに、異動したローラーブレードの社員二一名のうち二〇名が、異動の際に約束された条件に従ってミネソタ州に戻っている。

トランジションへの対応を誤ったからといって、それがつねに最悪の結果を招くわけではないが、ベネトンの例は多くのことを物語っている。このような場合には、トランジションへの対応として、破格の待遇を提示することも一つの方法だが、まずは社員たちがトランジションの三段階を乗り越えられるようサポートするべきだ。

①古いやり方やアイデンティティを手放す。トランジションの第一の段階は「終わり」の時期であり、この段階にある人に対しては、喪失に向きあえるよう

サポートすべきである。
②過去を手放したものの完全には新しい状態に対応しきれていない、そんな中間の時期が「ニュートラルゾーン（どちらでもない時期）」である。この段階では、意識の転換と再構成が起きる。
③トランジションから抜け出し、「新たな始まり」を迎える。この時期に新しいアイデンティティが確立し、新たな意欲や目的意識が生まれ、変化が本当の意味で影響力を発揮し始める。

トランジションとは、私たちが古い世界を離れて新しい世界に飛びこむプロセスだ。したがって、トランジションとは「終わり」によって始まり、「始まり」によって終わるとも言えるだろう。

スポーツ用品業界への大胆な奇襲作戦を仕掛けるなかで、ベネトンは変化を実践しようとしたが（従業員をまとめて異動させるというやり方で）、トランジションへの対応を忘れていた。その結果、事業を計画した当初は予想もしなかった終焉を迎えることになる。従業員たちは、計り知れないほどの心理的な喪失（恵まれた職場環境、自分の愛するスポーツと直結するブランド理念、興味関心を同じくする人たちとのチームワーク、その分野の最先端にいるという意識）を味わったにもかかわらず、企業側はその損失を単なる〝金銭〟の取引で片づけようとした。ニュートラルゾーンという困難な時期にいる従業員たちがサポートを必要としていることにも気づかず、「新たな始まり」は新たな挑戦であり、より大きな成果を手に入れることのできる目標となることを、彼らに伝えようともしなかったのだ。

変化は、それがどんな変化であれ（経済的なものにせよ、技術的なものにせよ）、良い結果をもたらすかどうかは、変化に直面した人が、いままでと異なるやり方を受け入れられるかどうかにかかっている。従業員たちは、古いやり方を捨て、古いやり方から新しいやり方への移行期の困難を乗り越え、新しいやり方を始められるようになっただろうか？　企業側が従業員に手を差し伸べ、この三つの段階を乗り越える手助けをしなければ、どんなにすばらしい研修プログラムが用意されていたとしても、失敗に終わるだけだ。リーダーたちは「終わり」と「ニュートラルゾーン」の存在を忘れ、トランジションの最終段階からスタートしようとしがちだ。しかも、それが問題なのだということに気づいていない。

別の例も見てみよう。ある保険会社が、コスト削減のプログラムを導入することになった。詳細は不明だが、社内の四八ものチームがかかわっていたことからも、大がかりなプログラムだったことは間違いないだろう。プログラムの運営を担当した人物は（当てこすりを言うつもりはなかったと思うが）、こう報告している。「いままでにない画期的なアイデアでしたし、だからこそこのプログラムを実施する意義がありました。しかも、年間で一四万ドルもの経費を削減できる可能性があったのです。ファクスを送るとき、用紙を横向きに挿入するだけで通信時間を一五パーセントも削減できたのですから」。だが、彼はこう続けた。「このアイデアを実現させるには、それぞれが行動を変えていかなければならないので、うまくはいかないだろう、そう思いました」〔2〕

だったら、そんなアイデアは捨ててしまったほうがよい。行動の変化を強いる必要のない、別のアイデアを探すべきだ。そうは言っても、画期的なアイデアには、行動の変化がつきものではないか？　そう思うかもしれない。ファクスを送るときに用紙の向きを九〇度変えることなど、企業合併や組織改革、新しい企業戦略の実施に伴う行動の変化に比べれば、たいした変化ではない。だが、大きな変化は、数えきれないほどの小さな変化を引き起こす。そして、それがどんな変化にせよ、その変化は、古いやり方（これまで、それを実行することで報酬を手に入れ、正しいことをしているという満足感を味わい、成功しているという実感が得られたもの）を手放し、未知の行動を受け入れることを強いるものなのだ。

私はこの例から、トランジションマネジメントのコンサルティングを始めた頃に手がけた、あるプロジェクトを思い出した。それは創立一〇五年になる企業の工場で、「自己管理型チーム」を立ちあげるというものだった。企業側は、従業員たちが自己管理型チームの効果について学べるようセミナーを実施した（セミナー自体は優れた内容だった）。だが、現場の監督者たちに対しては、それまでの「監督する」というやり方を手放して、チームの仕事を「促進する」というやり方を始めることに関して、何のサポートも提供しなかった。彼らにしてみれば、突然、現場のボスであることをやめ、同僚たちと協力して仕事をしなければならなくなったことになる。それは、思考や行動に大きな変革を強いるものだ。研修の最後に、講師が質問はないかと尋ねると、年配の監督者がいらだった様子でこう言った。「その〝促進〟とやらについて、もう一度説明してくれないか」。やり方をきちんと教えていないのに、それをやらないからといって責めたとしても、責められている理由が伝わることはなく、責められた者にしても、何をどう弁解すればいいのかわからないだろう。

「たとえ行き先が決まっていなくても、旅立つべきときがある」
テネシー・ウィリアムズ（アメリカの劇作家）

トランジションを単なる段階的な未完成の変化とみなすとき、あるいは、変化とトランジションを同じ意味で用いるときには、変化とトランジションの重要な相違点が見逃されている[3]。私たちが「変化」と言うときは、たいてい、その変化がもたらす結果を意識している。カリフォルニアからニューヨークへと移動するときの変化とは、国を横断することであり、ニューヨークへの道のりを体験することを意味する。顧客サービスの方針転換やグローバル化に向けた部署の編成といった組織の変化についても同じことが言える。そうした場合、変化の対象となる人々は、新たな取り決めや変化が自分たちに与える影響を、ただ受け入れるしかない。

だが、トランジションは違う。**トランジションを受け入れる最初の段階は、結果ではなく、古いやり方を手放すという「終わり」にある。**状況的な変化は、新しい状況に対応できるかどうかが問題になるが、心理的なトランジションは、変化が起こる以前の、古い現実やアイデンティティを手放せるかどうかにかかっている。それなのに、組織はこの「古いものを手放す」というプロセスや、変化がもたらす喪失を見過ごしがちだ。これでは、トランジションを乗り越えられるはずもなく、変化は悪い結果だけを残すことになる。トランジションがうまくいかなければ、変化は手のつけられないものになってしまう。

「これまでに発見されたどんな真実もしばしば厄介事を引き起こしてきた。不快な感情を呼び覚ますこともあれば、人を不幸にすることもあった。古き良き思想を混乱に陥れ、社会や宗教の秩序を乱すこともあった。その真実が偉大であるだけでなく、新しいものであればあるほど、それが生み出す損害は大きなものとなるのだ」

ヘンリー・トーマス・バックル（イギリスの歴史家）

トランジションは「終わり」から始まる。矛盾しているようだが、それが真理だ。管理職に昇級する、自分の家を持つ、子供が生まれるといった、これまでの人生で起こった大きな変化について考えてみてほしい。良い変化というものは、どれもトランジションが「終わり」や「手放す」から始まっているはずだ。職場では、かつての同僚たちとこれまで通りに接することができなくなったかもしれない。前向きに、自信を持って取り組んでいた仕事も、管理職に昇進したことであなたの仕事ではなくなってしまったかもしれない。仕事に対する意識も、それまでの明確なものから複雑で曖昧なものに変わってしまったかもしれない。

子供を持つことで、睡眠や自分のために使えるお金や、配偶者とふたりきりで過ごす時間、あるいは一人の時間を手放すことになる。思い立ったときに、夫婦ふたりで出かけることなど、ほとんど不可能になってしまうだろう。食べるのを嫌がったり、泣きやまなかったりする赤ちゃんを前にすると、それまでの自信がすべて消え去るような気分になるはずだ。

引っ越しをすると、人間関係はすべて変わってしまう。昔の隣人たちと連絡を取り合っていたとしても、彼らとの関係はそれまでとまったく同じではないはずだ。以前住んでいた場所では、どこにいいお店やレストランがあるか、どの病院や歯科医で診てもらうべきか、留守にしているあいだに頼れる隣人は誰か、そういったことをすべて把握できていた。だが新しい場所では、安心感や居心地の良さは、当分、手放さなければならない。

それが良い変化であっても、トランジションは何かを手放すという「終わり」から始まる［4］。だからといって、否定的なことを言いたいわけでも、あなたを落ち込ませようというわけでもない。ただ、それが現実だということを伝えたいだけだ。終わりや喪失を認めて受け入れることは、トランジションのなかでも最も難しいプロセスだ。そして、その終わりや喪失と向き合うために必要なサポートを怠ると、トランジションは組織に深刻な影響を与えることになる。

ある病院が、各患者に対応する自動調剤システムを導入したとしよう。システムの使い方を習得する速さは人それぞれなので、薬を受け取るのに、看護師が苦労している姿を見ながら一時間近く待つ患者も出てくるかもしれない。なかには、患者と対話する機会がなくなったことに喪失感を覚える看護師もいるだろうし、やりがいを感じられなくなってしまうかもしれない。あるいは、ある会社が立派な新社屋を建設したとしよう。この新社屋が、会社に対する社員たちの愛着を失わせる要因になるとは誰も予想すらしないだろう――社員たちは、年商数十億ドル規模の大企業が何の変哲もない貸しビルに本社を構えていることを誇りに思っていたのだった。

トランジションは何かを手放すことから始まるということが理解できれば、トランジションマネジメントの第一歩は踏み出せたことになる。次の一歩は、手放したあとにやって来るものを理解することだ。それは「ニュートラルゾーン」である。ニュートラルゾーンとは、古い現実と新しい現実の間に横たわる、心理的な緩衝地帯である。古いアイデンティティと新しいアイデンティティの間の〝辺獄〟と言ってもよい。古いやり方は手放したものの新しいやり方にはまだなじんでいない、そんな時期である。

新居に引っ越す、昇進する、子供が生まれる、といったことが起きたとき、変化は素早くやってくる。だがそれは、表面的で状況的な変化にすぎない。内的で心理的なトランジションは、もっとゆっくり起こる。外的な変化に合わせて新しい人間に生まれ変わったように見えても、実のところは、古い自分も捨てきれず、かといって新しい自分にもなりきれない、そんな苦しい時期にいることに気づく。自分が誰なのか、何が現実なのか、それがつかみきれずに感情の荒野に立たされたような気分を味わうのだ。

私たちにとって、このニュートラルゾーンを理解し、落ち着いて対処することは重要だ。それにはいくつかの理由がある。最初の理由は、もしニュートラルゾーンがあるとは知らず、予期もしていなかったとすれば、そこを慌ただしく通り抜けるか、ニュートラルゾーンそのものを経験しないことになり、結局トランジションがうまくいかずに落胆することになる、というものだ。そして、自分がこんなに悩んでいるのは何かが間違っているせいだという、誤った結論を導き出してしまう。

二つめの理由は、この宙ぶらりんの状態に不安を感じ、そこから逃げ出そうとしてしまうことだ（これは企業の従業員にしばしば見られる行動である。組織が変革期にあるときに、離職者が増えるのもそうだ）。だが、状況に向き合うことを放棄すれば、個人のトランジションも組織のトランジションも、どちらも達成できず、変化も無意味なものに終わってしまう。

三つめの理由は、ニュートラルゾーンの途中で逃げ出してしまうと、変化を台無しにするだけでなくチャンスをも失うことになる、ということだ。確かに苦しい時期だが、ニュートラルゾーンは、個人や組織にとって創造力を高め、なりたい存在へと成長し、新しい自分に生まれ変わるチャンスを与えてくれる。ニュートラルゾーンの利点については、あとの章で詳しく述べるが、これだけは言っておこう。古い自分と新しい自分の間にあるギャップこそが、革新が生まれ、組織が活性化する瞬間なのだ。

ニュートラルゾーンは落ち着かない場所であると同時に、チャンスにあふれる場所であり、トランジションのプロセスにおいて中核をなす部分である。そこでは再構築が起こり、活用されなくなった時代遅れの習慣が、組織の現状をよく反映した新しい習慣へと取って代わられる。ニュートラルゾーンは、植物が春に備えて根を伸ばす、冬のような時期なのだ。あるいは、昨日の悩みを忘れ、明日へと向かう気力を養う、夜の時間と言えるかもしれない。古い殻を脱ぎ捨てて、新しい体へと生まれ変わるまでのカオスの状態でもあり、「新たな始まり」への力を育む温床でもある。

「考え方を変えるか、その必要がないことを証明するか、その二つの選択肢に直面すると、ほとんどの人が証明するほうに飛びつくものだ」

ジョン・ケネス・ガルブレイス（アメリカの経済学者）

終わり－ニュートラルゾーン－新たな始まり。トランジションの達成には、この三段階のどれ一つとして欠かすことができず、またこの順番を入れ替えることもできない。それぞれの段階は、個別に起こるわけではなく、時には同時に起こることもある。ある場所で「終わり」が起きているときに、別の場所ではすべてが混沌とした「ニュートラルゾーン」に突入し、また別の場所では「新たな始まり」が眼前に迫っていることがある。「段階」というと、それぞれが個別に存在しているように聞こえるかもしれない。むしろ、これら三つを一連のプロセスとしてとらえ、そのすべてが起こってしまうまではトランジションは完了しない、と言うべきなのかもしれない。

古いやり方を手放し、再構築が起こり、「新たな始まり」を迎える。変化を体験しているとき、この三つのプロセスが一つになって、人を新たな方向へと向かわせ、生まれ変わらせる。変化にとってトランジションが大切なのは、それによって物事を深いところで理解し、人の心を動かすことができるからだ。トランジションがなければ、面倒な思いをしなくてすむが、事態が収束して物事が落ち着いたとき、以前と何も変わっていないことに気づくだろう。だが、多くの組織が、変化を声高に唱えているにもかかわらず、「終わり」の部分に目を向けず、「ニュートラルゾーン」を意識することもなく（あるいは避けようとし）、「新たな始まり」を迎えられるよう手を差し伸べることもしない。そして、なぜ、誰もがそれほどまでに変化に苦労しているのかを不思議に思うのだ。

「新たな対処法を取り入れようとしない人には、新たな問題がやって来る」
フランシス・ベーコン（イギリスの哲学者）

組織と言ってはいるが、これは私たち人間の問題だ。トランジションがあるから変化に意味があるということを理解して、変化という機会が無駄にならないようトランジションへの対処方法を学ぶことができるのは、人間（あなた）だけだ。トランジションを乗り越えることで変化を成し遂げ、組織を成長させることができるのは、人間（あなた）だけなのだ。

それを可能にする方法について、これ以降のページで語っていきたい［5］。

第2章　テスト事例

「私たちは一般論で考えるが、具体的に生きている」
アルフレッド・ノース・ホワイトヘッド（イギリスの哲学者）

第1章では、主に理論を取りあげた。トランジションの基本となる理論を理解していなければ、それを活用することもできないからだ。だが、実際の事例こそが実用に役立つ。ここでは、あるソフトウェア企業の例を見てみることにしよう。この企業のサービス・マネージャーは社内に「変化」を起こそうとしていた。だが、ほかの社員たちからは、そう簡単にいくはずがないという声があがっていた。そこで、私たちが協力することになったのである。

そのマネージャーは、なぜうまくいかないのか、その理由がわからないと言った。彼にとって、変化は当然のことのように思え、金融機関向けソフトウェアの業界を引き続きリードしていくためには変化は必要だった。「それに」と彼は言った。「この変化で誰かの仕事がなくなる、なんてこともないわけですし」

読者のみなさんは、第1章に書かれていたことを思い出しながら、このケースについて考えてみてほしい。

この企業の顧客サービス部門は、仕事の大半を電話で行っていた。担当者はそれぞれ個別のブースを与えられ、かかってくる電話に対応するという形だ。社内には個人主義的な文化が根づき、社員は「個々の貢献者」とみなされるだけでなく、１週間に対応する電話の本数によって評価されていた。年度の初めには、社員一人一人に評価計画が立てられ、目標（前年度の週当たりの受電実績をやや上回る本数）が設定される。目標がクリアできればボーナスが手に入る。クリアできなければボーナスはなしだ。

高価なカスタムメイドのソフトウェアを購入した顧客からは、操作に関するさまざまな問い合わせの電話が入っていた。この企業では、そういった電話に三段階のレベルで対応していた。最初に対応するのは比較的経験の浅い担当者で、基本的な質問にしか答えることができなかった。また、かかってくる電話にランダムに対応していた。質問の内容が難しく第一レベルで答えられない場合は、第二レベルへと電話が転送される。第二レベルの担当者は、より訓練され、より経験のある技術者で、ほとんどの質問に対応できる。その彼らでも手に負えない問題は、第三レベルへと回されることになる。第三レベルでは、ソフトウェアのシステムを基礎から知り尽くしているプログラマーが担当し、問題解決に必要であれば、ソフトウェアを再プログラミングする方法を顧客に指示することもできた。

社員たちは技能によってレベル分けされ、各レベルのマネージャーが自分たちの仕事量を管理し、個々の実績によって評価を決定していた。当然のことながら、レベル間で競争や誤解が生じ、それぞれが自分たちの仕事こそが重要であり、ほかのレベルはその役割を十分果たせていないと考えるようになっていた。

すでにお気づきの方もいるだろうが、こうしたやり方には特有の難しさがある。まず顧客は、最初に担当者の名前を確認していない限り、二度と同じ担当者に質問することができなかった。さらに悪いことに、三つのレベルの連携がうまくいっていなかった。第一レベルの担当者は、顧客を誰の手に委ねようとしているのかわからなかった――時には、次のレベルの人間がきちんと引き継いでくれたのかさえ。顧客たちは、助けてもらえるどころかたらい回しにされることに、しばしば腹を立てていた。

マネージャーたちも、縄張り意識が強く、それがレベル間の連携を難しくしていた。第二レベルのマネージャーが、第二レベルのメンバーは全員手が離せない（全員ブースの陰に隠れているので、事実かどうかの確認は難しかった）と言い張って、第二レベルの仕事が片づくまで、顧客への対応が丸一日（時には一週間も）保留になることもあった。そうこうしているうちに、いら立った顧客がもう一度電話をかけてくるのだが、前回とは違う第一レベルの担当者が電話に対応し、顧客はもう一度同じことを言わなければならなくなる。

顧客は電話をたらい回しにされるだけでなく、完全に忘れ去られることすらあった。こんな状態でも、この分野における競争相手がいなかったときは、（ひいき目に見て）可も不可もない顧客満足度が下がることはなかった。しかし、その年の初めに、別の企業が性能のよい新製品を扱うようになったことで、事態は深刻化した。

三つのレベルを統括するマネージャーは、顧客サービス改善のためのコンサルタントを雇うことにした。状況を見て取ったコンサルタントは、すべてのレベルのメンバーで構成されたチームを編成するよう勧めた（このチームの編成が、前章で述べた「変化」にあたる）。顧客からの電話はチームで対応し、チームが連携して顧客の問題解決に取り組むようにする。そして、それぞれのチームにコーディネーターを置き、コーディネーターが責任をもって顧客に情報を提供する。この変化によって、状況が改善されることは間違いない。誰からも異論はなかった。

そこで、全部署を集めた会議を開き、「変化」について説明を行った。会議室の壁には、組織図とチームの名簿が張り出されていた。業務方針のマニュアルも刷新され、チームのコーディネーター（かつてのレベル・マネージャーやプログラマーのなかから選ばれた）を任された社員は、二日間の研修を受けることになった。チーム再編の正式なスタート日が発表され、統括マネージャーはチームを一同に集めると、今回の変化の重要性と、この変化の成功にとってそれぞれが果たす役割がいかに重要かをあらためて語ったのである。

組織が再編したばかりの頃はいくつかのトラブルもあったが、変化にトラブルはつきものだからと、誰も本気で心配していなかった。だが、一カ月経った頃には、この新体制が機能していないばかりか、（書類上を除いて）実質存在していないも同然であることが明らかになっていた。かつての〝レベル別〟という意識が根強く残っていて、顧客からの電話はいまだにたらい回しにされ（時には放置され）、連携もまったく取れていなかった。チームのコーディネーターは、かつて同じレベルにいたメンバーとのつながりに固執し、チーム全体で仕事に取り組もうとはせず、（いまはほかのチームに所属しているはずの）昔の仲間の力を借りようとしたのだ。

さて、このようにもつれた紐を解くために、自分がコンサルタントとして雇われたとしよう。あなたはどう対処するだろうか？　あなた方一人一人と直接顔を合わせて話し合うことはできないので、こうした状況で考えられる行動をリストアップしておいた。リストに目を通し、どれが一番良い選択肢かを考えてみてほしい。それから、各項目の内容をよく読み、以下の五つのカテゴリーのうちどれに当てはまるかを検討してみよう。

1＝きわめて有益。いますぐ実行に移すべき
2＝行う価値はあるが、慎重に行う必要がある。まずは計画を立てることから始めるべき
3＝どちらとも言えない。やり方による
4＝あまり有益とは言えない。無駄な努力に終わる可能性もある
5＝絶対に実行すべきでない

読み進める前にまずはじっくり考え、各項目を評価してみてほしい。どれも単純な選択肢ではないので、結論を出すには時間がかかるはずだ。

【取るべき行動】

- 変化についての詳細を文書の形にして周知する。
- チームワークを発揮するために、個々の行動や態度をどのように変えていけばよいか、具体的な方法を考える。
- 新体制への移行で喪失感を味わっているのは誰か、それを明らかにする。
- 報奨制度を見直し、変化に沿ったものへと改定する。
- 変化の要因となった問題点について、誰もが納得いくまで説明する。
- プロの講演家を雇い、チームワークについて熱弁をふるってもらう。
- 古い体制から新しい体制へと完全移行するまでの間、混乱を抑えるための臨時体制を導入する。
- 古い体制から新しい体制への移行期間を利用し、サービス改善に向けたチームの課題（必要であれば新しいサービス）を検討する。
- 個々のブースのパーテーションをガラス製や背の低いものにして、オフィス空間を変える。
- 不機嫌な顧客に（電話で、あるいは直接）対応させて、チームを問題に直面させる。
- チェンジ・マネージャーを選任し、変化がスムーズに進んでいるかをチェックさせる。

- 「チームワーク」というロゴが入ったTシャツを全員に支給する。
- 変化を段階的なものにする。まずは、第一レベルと第二レベルのメンバーを一つのチームとし、その後、第三レベルのメンバーを投入する。最後に、レベル・マネージャーたちをコーディネーターに任命する。
- メンバーと個別に話をし、チームで働くことの何が問題だと感じているかを明らかにする。
- 個別のブースを取り払い、チームの共有スペースとする。
- 各チームから選抜したメンバーでモデル・チームを結成し、手本とする。
- チームで働くことを学ぶため、セミナーを開催する。
- 統括マネージャーも自分のチームを編成し、コーディネーターとしての役割を果たしていることを示す。
- チーム業務が円滑に行われている組織にチームの代表者を派遣する。
- 「個々の貢献者」たちにすべてを任せ、自分たちでチーム編成の計画を立てさせる。
- 計画をすべて見直し、より混乱の少ない方法を考える。その方法でうまくいかなければ、また別の方法を考える。良い方法が見つかるまで、あきらめずに続ける。
- 社員たちに、変化を受け入れられないなら懲戒処分にすると伝える。
- 新体制に移行後、顧客対応一〇〇件を最初に達成したチームにボーナスを支給する。
- 新しい組織図のコピーを全員に配布する。

・定期的にチームミーティングを開く。
・年間目標を個別目標ではなくチーム目標とし、チームの業績に応じてボーナスを支給する。
・トランジションやトランジションがもたらす影響について説明する。セミナーを開き、コーディネーターにトランジション期にいる人間への対応方法を学ばせる。

【カテゴリー１】きわめて有益。いますぐ実行に移すべき

チームワークを発揮するために、個々の行動や態度をどのように変えていけばよいか、その具体的な方法を考える

トランジションにうまく対応するためには、個々のメンバーが自分の行動や態度をどう変えていけばよいのか、きちんと把握していなければならない。チームとして働くよう指示するだけでは不十分である。チームで働くということといまの自分たちの働き方とが、行動や態度の面でどのように違っているのかを知ってもらう必要がある。どんな行動を改め、何を始めるべきか、それを明確に伝える。どう変化すればよいかを説明しなければ、何を言っても理解されないだろう。

新体制への移行で喪失感を味わっているのは誰か、それを明らかにする

この選択肢は、先の選択肢と連動している。思い出してほしい。トランジションは、「終わり」

から始まる。古いやり方を手放せなければ、新しいやり方を受け入れることはできない。人は変化そのものではなく、この「手放す」というプロセスに抵抗を感じる。抵抗は、消極的な態度や妨害行為という形で現れることもある。そうした抵抗に備え、深刻な事態に陥ることを防ぐためには、「喪失」の存在を把握しておくべきである。

変化の要因となった問題点について、誰もが納得いくまで説明する

管理職やリーダーの多くは、問題の解決策を売り込むことには必死だが、問題そのものを売り込むことにはあまり力を入れない。だが、誰でも問題に気づき、それが問題だと認め、そのことを理解していなければ、解決策に関心を抱くこともない。自分自身の問題だということがわかれば、あなたよりも社員たちのほうが良い解決策を思いつくかもしれない。そうなれば、あなたが解決策を売り込む必要もなくなるだろう。

不機嫌な顧客に（電話で、あるいは直接）対応させて、チームを問題に直面させる

この選択肢は「問題の売り込み」だ。苦情を処理しているのがあなただけだとしたら、下の立場の人間に状況の深刻さを訴えたところで、サービスの質が悪いのはあなたの問題ということになる。社員たちをやる気にさせるには、サービスの質の悪さは自分たちの問題だと彼らに自覚させなければならない。顧客訪問は、自分たちの仕事が顧客にどう評価されているかを知る絶好の機会である。

デュポン社は工場現場において、この顧客訪問という手法を有効に活用している。「顧客定着プログラム」と銘打たれたプログラムでは、月に一度、工場で働く従業員が顧客のもとを訪れ、その体験で学んだことを現場の仕事で活かしているという。

メンバーと個別に話をし、チームで働くことの何が問題だと感じているかを明らかにする

組織が変化にうまく適応できずにいるとき、管理職の人間は、たいてい「何が問題なのかはわかっているんだ」と言う。だが実際には、わかっていないことのほうが多い。彼らは自分の考えていることが正しいと思い込み、周囲の人間に対しても誤った憶測を立ててしまっている。質問をするときは、それが適切な質問でなければ意味がない。「どうして（それを）やらないのか？」という聞き方は、相手の反発心をあおるだけで、言い訳めいた答えしか返ってこないだろう。「何が問題だと思うのか？」と尋ねれば、うまくいっていない理由がつかめるはずだ。

トランジションやトランジションがもたらす影響について説明する。セミナーを開き、コーディネーターにトランジション期にいる人間への対応方法を学ばせる

トランジションを理解することで損をする人間はいない。コーディネーターも、自分たちが乗り越えようとしているものについて理解していれば、部下たちにも指示が与えやすいはずだ。トランジションを体験するとはどういうことか、それがわかっていれば、自分たちは正しい方向に進んでいると自信が持てるはずだ。また、いま直面している問題のいくつかは、トランジションのプロセスによるもので、変化によって生じたものではないということもわかるだろう。一方、トランジションを理解していなければ、自分たちが感じている不安を変化のせいにしてしまうだろう。

定期的にチームミーティングを開く

新しいチームに適した職場環境が整っていなくても、定期的に顔を合わせることで、チームとしてのアイデンティティを築いていくことができる。例に挙げた企業の場合、ミーティングは当初、二週間に一回だった。まず、そこから変えることにした。二カ月の間、毎朝一〇分間のミーティングを行った。このように頻繁に顔を合わせるだけで、古い慣習や思い込みは消え、チームワークに不可欠な新しい人間関係が築かれていった。また、ミーティングの予定をカレンダーに書き込んで目に見える形にしたことによっても、この新たな優先事項の重要性を強くアピールできた。

【カテゴリー2】行う価値はあるが、慎重に行う必要がある。まずは計画を立てることから始めるべき

報奨制度を見直し、変化に沿ったものへと改定する

古い報奨制度は見直す必要があるので、価値のある選択肢だと言える。しかし、慎重に行うべきだ。誰かの思いつきで定めた報奨制度は、古い制度を撤廃すること以上に問題を引き起こす可能性が高い。

古い体制から新しい体制へと完全に移行するまでの間、混乱を抑えるための臨時体制を導入する

古いやり方を終わらせて新しいやり方を始めるまでの間というのは非常に不安定な期間であり、多くの問題が見過ごされがちになる。詳しくはニュートラルゾーンについての章で語るが、この混沌とした時期を乗り越えるには、臨時的な方針や手順、上下関係、役割、あるいは技術などを提示することが必要となる場合もある。

古い体制から新しい体制への移行期間を利用し、サービス改善に向けたチームの課題（必要であれば新しいサービス）を検討する

この選択肢は、混沌とした中間期を別の方向からとらえたものだ。物事がどう転ぶかわからない時期だからこそ、安定している時期に比べて革新が受け入れられやすいと言える。新しいやり方（いつかやってみたいとは思っていたものの、古いやり方と違っていたために手がつけられずにいたこと）を試すチャンスなのだ。

個別のブースを取り払い、チームの共有スペースとする

こうした空間の変化をともなうことで、その空間の物理的状況とつながりを感じることができる。空間とは象徴的なものだ。物理的に一体化した空間に身を置けば、精神的にも感情的にも一体感を感じられる。

統括マネージャーも自分のチームを編成し、コーディネーターとしての役割を果たしていることを示す

リーダーは、自分が思っている以上に、あるいは意図せずに多くのメッセージを発信しているものだ。リーダーが他者に行動を求めるとき、自身がその手本となる行動を示さない限り、期待するほどの変化は得られない。ラルフ・ウォルドー・エマソンもこう言っている。「あなたの行動があまりに雄弁なので、私にはあなたの言うことが聞き取れない」［1］

チーム業務が円滑に行われている組織にチームの代表者を派遣する

効率的に学ぶには、見て、聞いて、触れることが大切だ。半信半疑の人間にとって、そのやり方を実践している誰かから話を聞くことは、どんなセミナーや叱咤激励よりも意味がある。社員を別の場所に連れていくことが難しければ、代表者を呼び寄せるとか、その組織での仕事の様子がわかる映像を入手するといった方法もある。

年間目標を個別目標ではなくチーム目標とし、チームの業績に応じてボーナスを支給する

一人で戦っていた人間にチームプレーを強要しても、簡単には受け入れられないだろう。これからプレーするゲームが「チームスポーツ」だということが定義されていなければ、そもそもうまくいくはずがない。年間の業務計画を定めることも、ゲームの定義の一部だ。こうした重大な変更は、できるだけ早い時期に実施すべきである。

【カテゴリー３】どちらとも言えない。やり方による

プロの講演家を雇い、チームワークについて熱弁をふるってもらう

この選択肢の問題点は、話を聞くだけでは何の成果も得られないということだ。にもかかわらず、一度動機づけをすれば、誰もが変化を受け入れられるようになるはずだと思い込み、ただ話を聞くだけに終わってしまうことがよくある。したがって、こうした手法は、包括的なトランジションマネジメント計画の一端として取り入れると効果的だろう。

チェンジ・マネージャーを選任し、変化がスムーズに進んでいるかをチェックさせる

時間をかけて計画し、連絡や研修方法やサポート体制が確立されているのであれば、有益な方法

と言える。しかし、単に誰かを選んで「何とかするように」と指示するだけでは何も起こらない。チェンジ・マネージャーを任された人間も、その方法がわからなければ変化を強制するだけに終わってしまい、それまでの努力が台無しになってしまうだろう。

「チームワーク」というロゴが入ったTシャツを全員に支給する

シンボルには大きな力があるので活用すべきだ。ただし、もっと大きな包括的な取り組みのなかで用いるべきである（こうした取り組みについては、このあともさまざまな事例を取りあげる）。

チームで働くことを学ぶため、セミナーを開催する

新たなやり方を学ぶ必要があるとき、セミナーは有効な手段である。だが訓練はやりすぎると、包括的な取り組みからも離れていくことになり、労力の無駄遣いに終わってしまうだろう。

個々のブースのパーテーションをガラス製や背の低いものにして、オフィス空間を変える

個々のブースは確かに古いやり方を象徴するので方向性は間違っていないが、この解決策では不十分である。なぜなら、空間を「チームの一員」という新しいアイデンティティを喚起させるものへと変えていないからだ。カテゴリー２で、より有効な解決策を紹介している。

新体制に移行後、顧客対応一〇〇件を最初に達成したチームにボーナスを支給する

報酬や競争はやる気を引き出すが、安易に数値的な目標を設定することは避けるべきだ。そんなふうに競争に駆り立てられたら、顧客対応一〇〇件は、ただの処理目標になってしまう。また、スピードを達成するために、チームの一部のメンバーがすべての仕事を担当することになりかねない。チームワークに対して報酬を与えることが目的なら、競争は慎重に計画する必要がある。

【カテゴリー４】　あまり有益とは言えない。無駄な努力に終わる可能性もある

変化についての詳細を文書の形にして周知する

何かを文書という形で残すと、「そんなことは聞いていない」という言い訳はできなくなる。文書はそれを発信する側を守ってくれる一方、情報の受け取り側にとっては不利となる。また、複雑な情報（組織の編成が具体的にはどのように行われるのか）を伝達するのにふさわしい方法とは言えないだろう。

新しい組織図のコピーを全員に配布する

組織図は複雑な組織構造や上下関係を理解するときには役立つが、それだけで問題が解決するとは思えない。ここで問題となっているのは、幹部からの通達を確認することではなく、新たな態度

や行動を確立していくことなのだ。

【カテゴリー5】絶対に実行すべきではない

「個々の貢献者」たちにすべてを任せ、自分たちでチーム編成の計画を立てさせる

責任を担わせることに問題はないが、そのための準備は入念に行い、現実的な範囲を定めるべきだ。そもそも、変化を望んでいない人間に権限を担わせても、うまくいくはずがない。

変化を段階的なものにする。まずは、第一レベルと第二レベルのメンバーを一つのチームとし、その後、第三レベルのメンバーを投入する。最後に、レベル・マネージャーたちをコーディネーターに任命する

この選択肢は魅力的に映るかもしれない。なぜなら、大きい変化と比較すると、小さい変化は受け入れやすいものだからだ。しかし、次々と変化を起こすことはトラブルの元だ。変化は、一回にまとめて導入するほうが好ましい。

各チームから選抜したメンバーでモデル・チームを結成し、手本とする

こちらはさらに魅力的だが、優秀な人材をほかのチームから奪うことになる。また、モデル・チームの成果をそのまま再現しようとすれば、個々のチームが持つ個性が損なわれてしまうだろう。

計画をすべて見直し、より混乱の少ない方法を考える。その方法でうまくいかなければ、また別の方法を考える。良い方法が見つかるまで、あきらめずに続ける

トランジションを乗り越えるよりも難しいことがあるとしたら、トランジションのことを忘れて次から次へと変化を起こし、その結果、立て続けにトランジションを体験しなければならなくなることだ。

社員たちに、変化を受け入れられないなら懲戒処分にすると伝える

こんな〝脅迫〟などすべきではない。社員たちは成果を生み出すどころか反感を抱くに違いない。だが、彼らに何を期待しているのかは明確に伝えておこう。期待に応えられなければ、彼らはその結果を潔く受け入れざるを得ない。

ここまでの解説と自分の考えを比較し、変化とトランジションの違いを思い返してみてほしい。あなたが私とはまったく別の答えを出していたとしたら、ここで考えるべきことは「変化」ではなく「トランジション」なのだということを忘れていたせいかもしれない。もちろん、変化にも対処しなければならない。しかし、古いやり方や考え方を手放すことができなければ、新しいチームや新しい職場環境といったものを受け入れることはできない。状況を変えるだけでは駄目だということをつねに心に留めて、本書を読み進めていってほしい。また、変化を実現させるには、人々に意識の再構築を促す必要があるということも覚えておいてほしい。以後の章では、有効性がすでに実証されているさまざまな方策を紹介していく。

第8章では、トランジションマネジメント計画を立てる際に参考となるもう一つのケースと例題を提供している。だがその前に、実際に使われているトランジションマネジメントの手法について見ていくことにする。第3章、第4章、第5章では、それぞれ「終わり」「ニュートラルゾーン」「新たな始まり」の対処法を扱っている。第6章では組織のライフ・サイクルにおけるステージについて、第7章では連続的な変化への対処法について語っている。最後の章で紹介されているケース・スタディにたどり着く頃には、あなたの頭のなかはトランジションマネジメントのアイデアでいっぱいになっているはずだ。

第Ⅱ部　解決策

第3章　いかにして手放すか

「始まりは結果である。始まりとは何かを終わらせるものなのだ」
ポール・ヴァレリー（フランスの詩人）

「何かを手放すよりも、受け入れるほうが簡単だ」
アグネス・アレン（アメリカの作家）

新しいことを始める前に古いことを終わらせなければならない。新しいやり方を学ぶ前に古いやり方を捨て去らなければならない。新しい人間に生まれ変わる前に古い自己を手放さなければならない。「終わり」がなければ「始まり」もない。問題は、私たち人間は「終わり」を受け入れたがらないということだ。

さらに、変化と「終わり」は切っても切れない関係にある。変化はトランジションを引き起こし、トランジションは「終わり」で始まる。組織のなかで何らかの変化が起これば、何かを手放さなければならなくなる従業員や管理職もいるはずだ。ここでいくつか例を示しておこう。

①ある病院の責任者が、産婦人科と小児科のサービスの統合を決定した。患者側からすればこの統合は非常に納得がいき、この時代、顧客サービスは何より重要である。それと同時に、さまざまな経費を抑えることもできる（経費削減もまた、今日の重要課題だ）。したがって、これは成功間違いなしのアイデアと言える。だが現時点では、二つの科は全く異なる存在で、それぞれ異なる人間関係、昇進経路、仕事の仕方を確立してきた。組織としての文化（一方は大人相手の仕事で、もう一方は子供を相手にしている）も異なっていた。こうした違いは、それぞれの科に属する人間のアイデンティティを形成していた。そしてお互いに、自分たちを「私たち」、もう一方の課の人間を「彼ら」とみなしていた。こうした古いやり方や考え方を何もかも手放さなければ、組織改編は実現しない。

②ある大企業で、任命されたばかりの経理責任者が、現在の非効率な金融取引業務を見直し、新しい方法の導入を決めた。古いやり方では業務の流れが複雑なためにミスやサービス中断を引き起こし、顧客の不興を買っていた。そこでこの経理責任者は、業務の流れを見直し、新しい手順で業務が行えるよう組織を再編成することにした。統合された部署もあれば、分割された部署もあった。上司も変わり、新たに管理職となった者は新たな責務を担うことになった。彼らは、その人となりをよく知らないメンバーを束ねることになり、かつて職務を支えてくれていた仲間がいなくなったことを寂しく感じていた。こうした状況にもかかわらず、この経理責任者は、新しい

システムはうまくいくはずだと訴え続けていた。

③ある製造工場に、新しい統括マネージャーが配属された。このマネージャーは、組織のトップ（自分）からパートタイム労働者までの監督・管理系統が非常に複雑であると知る。情報が上から下へ、あるは下から上へと伝達するスピードがあまりに遅く、不正確な情報が伝わることもあった。決定事項も、誰かが実行に移す頃になってようやく伝わるという具合だった。計画の実施は、階層を越えるうちにどんどん遅れていった。そこで統括マネージャーは社員たちにこう発表した。「管理職が多すぎるんだ。人員を整理して階層を撤廃する」。三〇人の管理職や監督者のうち、八人が退職間近であったため、彼らに好条件を提示して退職を促した。三人は成績不振を理由に解雇され、五人が配置換え（要するに降格）となった（実際にその条件を受け入れる者はいなかった）。「これで大丈夫だ」と統括マネージャーは言った。「組織はスリム化され、効率的になった」。しかし、数カ月もすると、状況はさらに悪くなっていた。従業員たちはみなやる気を失い、不穏な噂も飛び交っている。統括マネージャーは、従業員たちもいずれわかってくれるはずだと信じて、新体制は旧体制よりも優れていると繰り返し訴えた。確かに理屈の上では、新体制は優れていた。だが、働き慣れた環境、成長への意欲、良き仲間を失った者の耳には、何を言っても空しく響くだけだった。

「変化は、それがどんなに待ち望んだものであろうとも、哀しみをはらんでいる。私たちが置き去りにしたものは、私たちの一部だったからだ。新しい人生を生きるためには一つの人生を失わなければならない」

アナトール・フランス（フランスの作家）

これらの例において、人々は変化そのものに対して抵抗しているわけではない。彼らは「喪失」や「終わり」を経験し、トランジションに対して抵抗している。従って、変化がいかにすばらしい結果をもたらすかを語ったところで何の役にも立たない。そうではなく、「喪失」や「終わり」と直接向き合うべきなのだ。

しかし、どうやればいいのだろう？　これからその方法をお教えしよう。

「死ぬのは怖くない。ただ事が起こるとき、そこに居合わせるのが嫌なんだ」

ウディ・アレン（アメリカの映画監督）

誰が何を失おうとしているのかを明確にする

何が終わろうとし、誰が何を失おうとしているのか？　これからその答えを探すのであれば、次の手順で見つかるだろう。

①変化について、周囲の人々にできるだけ詳しく説明する。何が変わろうとしているのか、それを具体的に語ること。「品質の向上」「意思決定の一元化」「経費の削減」といった言葉を並べても、変化の前と後で何が変わるのかを伝えることはできない。

②変化をビリヤードの手球と考えてみよう。台の上にはさまざまな的球が転がっていて、手球が的球をとらえていく――狙い通りかもしれないし、意図せずして当たるかもしれない。こうして弾かれた的球の行く先を可能な限り予想してみるのだ。あなたの起こした変化は、次の変化を引き起こすだろうか？　次の変化は、さらに別の変化を引き起こすだろうか？　一つの変化が終わったときに状況がどう変わるか、それを最初の変化から鮮明に思い描いてみよう。

③ここから、「原因と結果」の連鎖反応を見ていくことになる。変化によって、それまでのあり方や行動の仕方を変えざるを得ない人のことを考えてみよう。彼らのなかに、何かを手放さなければならない人がいるだろうか？　具体的には何を手放さなければならないだろうか？　仲間だろうか？　彼らに自信を与えていた役割だろうか？　昇進のチャンスだろうか？　彼らの価値観に見合った仕事のやり方だろうか？　いままで抱いていた期待だろうか？

④彼らが失うものの多くは実態のないものだということに、あなたは気づいただろうか。それらはすべて、考え方や思い込み、期待といった、頭のなかに存在している固定観念の一部である。この「ものの見方」という内的な要素が、世界を居心地のよい場所にしている。これらの要素が消え去ったとき、私たちはとても大切なもの――だが、他人にとっては何も失ったように感じられないもの――を失うのである。

⑤個々の喪失のほかに、私たちが手放さなければならないものはあるだろうか？　組織の歴史における一幕だろうか？　雇用主が従業員に期待する暗黙の了解だろうか？　それとも、組織の信念だろうか？　それが何であったにせよ、次のような言葉で表現されていたかもしれない。

「わが社は従業員を大切にする」
「わが社は最先端を行くハイテク企業だ」
「わが社は二番手に甘んじるようなことはしない」
「わが社は倫理を重んじる」
「わが社は社内から人材を抜擢する」

変化がすでに進行中であれば、こうした喪失は簡単に見つけられるはずだ。ただ、こう質問すればよい。「この新しい変化で、何が変わったと思いますか？」「変化を受け入れたことで、あきらめたことは何ですか？」「変化してから、寂しいと感じていることは何ですか？」

主観的な喪失と、その重要性を理解する

前記の質問に対し、どんな答えが返ってきても反論しないようにしよう。あなたが反論してしまうと、会話がそこで終わってしまい、それ以上何も得られなくなってしまう。また、喪失というのは主観的な体験であり、あなたの客観的な視点（それ自体、また別の主観的な視点だが）とは相容れないものだ。「理解のない人間」だと思われること（最悪なのは「人の気持ちや意見など気にもかけていない」と思われること）は、事態の収拾をより難しくしてしまう。

実際に、そんなことはどうでもいいと思っているかもしれない。かつて、人を管理するということは、ただ部下に命令し、命令に従わない場合は最後通告を突きつければよいと考えられていたかもしれない。だがいまは違う。求められているのは献身であり、献身の心なくして一〇〇パーセントの力を注ぐことはできない。そして、相手を理解し、その理解に基づいて判断を下さなければ、その献身を勝ち取ることはできないだろう。だからこそ、どんな手段を選ぶにせよ、誰が喪失を味わっているのか、何を失おうとしているのかを知ることが大切なのである。

「私たちは、忠実さ、規律の順守、賢明な勇気、そして固い決意が何よりも求められる時代に生まれ、この世界と戦うのではなく、理解することが人としての義務となった、そんな複雑な時代へと向かおうとしている」

アーネスト・ヘミングウェイ（アメリカの作家）

過剰反応に、過剰に反応しない

変化に対し、周囲の人間が「過剰反応」しているように見えるかもしれない。そう思うのであれば、あなたは大切なことを二つ見逃している。一つは、変化はトランジションを引き起こし、トランジションは喪失を引き起こすが、人々が反応しているのはこの喪失に対してであって、変化そのものではないということだ。もう一つは、そのとき喪失を味わっているのは「彼ら」であって自分ではないということだ。喪失が自分の身に起こったら、あなたも彼らのような反応を示すはずだ。失うものがほとんどない、あるいは失うものがないときは、誰しも冷静になれるものなのだ。

「どんなに難しい理論も理解できるほど聡明な人間であっても、これ以上ないほど単純明快な真理を前にして、自分たちが努力の末に築きあげ、人生の基盤とし、仲間たちに自慢げに話し、誇らしげに人に教えてきた理論の誤りを認めざるを得なくなることもある」

レフ・トルストイ（ロシアの作家）

過剰反応は、過去に体験した喪失がきっかけとなることもある。過去の喪失をきちんと乗り越えていない場合、「**トランジション障害**」ともいうべき症状が引き起こされる。新たな「終わり」が訪れようとした途端、悲嘆の感情が襲ってくるのだ。こうしたトランジション障害は、（明らかに適任ではなかった）管理職やリーダーが免職になったときや、非効率的な方針や手順が廃止されようとしたときなどに、しばしば見られるものである。ここで人々が反応しているのは、過去に前触れもなく起こった、あるいは十分〝喪に服す〟ことができなかった喪失なのである。

こうした過剰反応は、「終わり」が大きな喪失を象徴しているときにも見られる。これまで社員を解雇したことのなかった会社が（たとえ少人数でも）解雇を行ったときなどがこれに当たる。この場合に喪失したものは、会社を去った特定の人間ではなく、「解雇はしない」という方針に対する安心感である。

たとえ小さな喪失であっても、それは今後への布石であっていずれは自分たちの身も危うくなると受けとめられた場合にも、過剰反応が起こる。解雇されるはずがないと思っていた人が解雇されると、残りの同僚たちは「次は自分では？」と考え始めるものだ。

こうした例では、過剰反応はごく自然に起こり、実のところ〝過剰な反応〟などではない。喪失の奥にある喪失を理解し、隠れた問題に対処すべきである。「喪失Ａ」を乗り越えさせようとするのではなく、「喪失Ａ」はより深刻で重大な「喪失Ｂ」を引き起こすことはないと伝えるほうが、事態を良い方向に向かわせるだろう。

喪失を公認し、共感を示す

喪失を公認し、その喪失の影響を受けている人に対して思いやりを示すことも大切である。そのときは、簡潔に、そして率直に、を心がけよう。

- 「今回の配置換えについては、本当に申し訳ない。優秀な人材を手放すことになって、残念だ」
- 「方針が変わることでまた最初からやり直しだと思っているだろうね。私も同感だし、やりきれないよ」
- 「やあ、マイク。解雇通知を受け取ったんだって？　つらいよな。会社も、何か別の方法を見つけてくれればよかったのに」

上司はしばしば部下たちと率直に話をすることに不安を感じ、部下の感情に理解を示すことはトラブルのもとだと考える者もいる。だがここで問題となるのは、喪失について話し合うことではなく、トラブルを引き起こす喪失そのものが存在しないというふりをすることなのだ。

ある電気機器メーカーが数十人の社員を解雇することになり、これまでの功績に対する報酬として手厚い解雇手当が提示された。社員たちは解雇が通知されてから退職までの二カ月間仕事を続けることになったが、彼らの上司は、「その話題に触れると解雇される社員が気分を害するから」という理由で、解雇の件をきちんと話し合おうとしなかった。すると、上司が何も言わないことに部下たちが憤りを感じ、一部の社員は、チームの重要なプロジェクトを妨害する計画まで立て始めた。

この上司の本音は、「部下たちの痛みにどう向き合っていいのかがわからない」というものだったのだろう。多くの人にとって、他人の痛みをあるがまま受けとめることは容易ではない。だが、喪失からの立ち直りを調査した研究でも、回復を最も早くするのは喪失について率直に話し合うことだ、という結果が出ている。

この点については、以前私が携わった、閉鎖を控えた工場のケースが物語っている。従業員たちは動転した様子で、決定を伝える幹部の話を聞いていたのだが、その幹部が話の途中で、工場閉鎖に対する彼個人の思いを語り始めると、みな表情が穏やかになり、けんか腰だった態度が落ち着いたのだ。幹部はあとになって、「感情をあらわにしたこと」を謝罪したが、理路整然と説明するよりも正直な気持ちを伝えたことが従業員たちの心をつかんだのである。

悲嘆のサインを見逃さず、受け入れる

「終わり」が来ると、誰でも憤り、悲しみ、恐れ、落胆し、そして混乱する。こうした感情的な態度は士気の乱れと受けとめられがちだが、そうではない。それは「**悲嘆のサイン**」であり、何か大切なものを失っているときに感じる自然な感情なのだ。家族を亡くした人や、「終わり」を体験している組織にしばしば見られる感情である［1］。

だが、こうした感情は、特に最初の段階では、はっきりと表に出るわけではない。喪失が起ころうとしていることを当人たちが認めようとしないかもしれない。「**否定**」は悲嘆の最初のプロセスであり、喪失の衝撃に対して傷ついた人間が見せる自己防衛反応である。それはいたって健全な反応で、この状態が長く続かないのであれば何も心配はない。だがもし、つらい出来事が起こってから数日経ってもこの否定の状態が続いているようなら、問題として対処すべきである。その場合は、こんなふうに話を進めればいいだろう。「きみたちの多くが、『喪失』を現実のものとして受け止められていないようだ。しかし、これが現実だ。心配なのは、きみたちの態度だ。私は、不安や混乱を最小限にとどめながら、みんなでこの変化を乗り切っていきたいと思っている。だが現実から目をそらしていると、それも不可能になってしまう」

「多くの人は、要求を認められるより話を聴いてもらったほうが満足する」

フィリップ・スタンホープ（チェスターフィールド伯爵）

「否定」以外の悲嘆の感情についても慎重に対処する必要がある。しかし、そうした感情を引き起こした原因があなたにあるわけではないという点を忘れないようにしよう。弁解も議論もする必要はない。以下に、悲嘆すると陥る状態と、それぞれの対応の仕方をまとめておいた。

怒り：不満から激しい憤りまでさまざまなものがあるが、怒りに対しては正しく対処されない、あるいはまったく対処されない場合が多い。怒りはやる気の低下やミス、時には妨害行為を引き起こす。怒りを受けとめようとすること自体は間違ってはいない。だが、怒りが自分に向けられたからといって、あなたがその責任を取る必要はない。怒りの感情は受けとめたとしても、怒りが行動という形で現れた場合には話が別だ。「きみの気持ちは理解できる。だが、プロジェクトを台無しにしようとするなら、それを許すわけにはいかない」

取引：現状から逃げ出したい、なかったことにしたい。そう思うあまり、非現実的なことを試みようとする者もいる。変化に立ち向かわなくていいのなら、「給料が減ってもいい」とか「いまの二倍働く」といった、通常では考えられないような取引や、気前のいい約束を持ちかけることがある。こうした取引は問題解決とは別物だと理解し、冷静に考え、捨て身の訴えや不可能な約束に心を動かされないようにしよう。

不安：静かなものにせよ激しいものにせよ、不安とは、未知のものや将来の困難、あるいは最悪の予想に対する純粋な恐怖の表れである。不安はごく自然な反応なので、不安を感じている人に居心地の悪い思いをさせてはいけない。この先何が起こるかについて情報を与え続け、新しい情報がないときは、不安な気持ちに共感を示すようにしよう。

悲しみ：悲しみは、悲嘆のプロセスの核心を成し、沈黙から涙まで、さまざまな形で表れる。気持ちを表に出すよう促し、感情を共有することが大切だ。非現実的な希望を語ることで悲しみを無理に取り除こうとしてはならない。悲しみの気持ちに寄り添うことを心がけよう。

困惑：どんなに論理的な人でも、精神的に不安定な状態（混乱や茫然自失の状態）に陥ることはある。そういう場合には、力づけ、胸の内を吐き出せる機会を積極的に提供することだ。困惑するのは自然なことであり、誰もが同じだということを伝えよう。力づけることが何より重要になる。

抑うつ：気持ちが沈み、元気がなくなり、物事に関心がなくなる状態が抑うつである。希望を感じることができず、つねに虚しさに襲われてしまう。悲しみや怒りと同様、抑うつは対処が難しい。

だからと言って消し去ることもできない。対処するのではなく、乗り越えるしかないのだ。抑うつ状態にある人間に理解を示し、感情を共有することはもちろん必要だが、それでも仕事は終わらせなければならないということは明確に伝えよう。どんなに小さなことでもいいので、「自分が状況をコントロールしている」という感覚を取り戻させることだ。

悲嘆のプロセスにある人間が、必ずしもすべてを体験するわけではなく、また体験する順番も人それぞれである。しかし、相手が集団の場合は、いずれの状態とも対峙する覚悟を決めておいたほうがよいだろう。悲嘆の感情と向き合うことが、現状を受け入れて前に進む道なのだと、相手に気づかせる必要がある。厄介なのは感情そのものではなく、こうした感情によって新たな状況に立ち向かおうとする気持ちが失われてしまうことなのだ。

悲嘆の感情を抑え込んで無理に乗り越えさせようとしても、悲嘆から回復できない人間を抱えるだけである。実際に、喪失に対する悲嘆のプロセスを正しく通過できなかったばかりに、チームや部署、あるいは企業全体が崩壊したというケースも見られる。

喪失を埋め合わせる

「痛みなくして得るものなし」ということわざがある。だが、痛みだけに反応してしまい、変化への努力が実らないことも多い。企業にとっては利益でも、従業員にとってはただの喪失にしか感じられないこともある。そういう場合には、従業員に感情を吐き出させるだけでは問題は解決しない。何らかの行動を起こす必要がある。以下にその例を示す。

①ある大手金融サービス企業が運用部門を再編成し、それまで管理職が担当していた仕事を引き継がせるために専門の職員を育成することになった。実質降格となった管理職の人間たちは、新しい方針に反発し、妨害しようとした。そこで部門のトップは、あるアイデアを思いつく。元管理職を集めて「訓練チーム」を結成し、訓練プログラムに取り組ませたのだ。こうすれば、彼らのやる気を引き出すだけでなく、新しい人員を訓練することもできる。元管理職たちは以前の立場を失ったものの、技術者やトレーナーという新たな立場を与えられた。組織の再編成が完了したあとも、彼らは与えられた役割をまっとうし続け、反発心は協力やサポートという形に徐々に変わっていった。

②アメリカ森林局は予算の削減に直面していた。林業の衰退により、木材の専門家の需要は落ち込んでいた。また、レクリエーションの流行で、森林の生態系の持続可能性や、野生動物の保護が重視されるようになってきた。職員たちから将来への期待や活気、そして仕事が失われていった。そこで、「失われたものを別のもので埋め合わせる」という考え方に従って、職員が将来性のあ

る分野に力を発揮できるよう、森林局は再教育プログラムを導入した。職員たちは喪失を完全に乗り越えたわけではなかったが、悲嘆のプロセスを前に進め、再び建設的に仕事に取り組むようになった。

③ある大学が、副学長の一人を、それまでと比べて明らかに重要度の低い役職へ異動させることにした。左遷というわけではなかったが、周囲には左遷と受けとめられることは間違いなかった。前職での彼の働きぶりは有能とは言い難く、新しい仕事は彼の専門性が活かせる分野であったが、この異動によって彼はひどく傷ついていた。状況を話し合ってみたところ、彼は異動そのものではなく、異動について同僚たちにどう思われるか、それを悩んでいるとわかった。副学長の抱える悩みを理解した学長は、異動の発表方法について配慮した。こうして、深刻な喪失は一時的な痛みへと変わり、堅実な（だが、見合わない職務に悩んでいた）人材を失わずにすんだ。

自らにこう尋ねてみよう。「**どうすれば、彼らの喪失を埋め合わせられるだろうか？**」。役職、活躍の場、すばらしいチーム、評価、あるいは責任を与えてみてはどうだろうか？　変化によって彼らが将来に不安を感じているなら、その不安を取り除く方法はないだろうか？　仕事を失ったことで自信をなくしているようなら、適切な訓練によって新しい仕事にも自信が持てると彼らを納得させることができないだろうか？

この〝損失補填〟の考え方は、変化の基本原則であり、いかに重要で価値の高い変化であっても、この原則を見過ごしたせいで失敗に終わることがある。ジャーナリストのウォルター・リップマンもこう言っている。「悪徳の誘惑を上回るほど魅力的な美徳を提示できなければ、改革は成功しないだろう」。品質や顧客サービス改善に向けたプログラムの導入や、自己管理型チームの編成、新しい機器の設置、組織の再構築や経費削減といった変化を実行しようとするときは、このリップマンのアドバイスを思い出してほしい。

「すべての出口はどこか他の場所への入り口である」
トム・ストッパード（イギリスの劇作家）

的確な情報を伝え続ける

合理化という名の下にコミュニケーションを軽視することはよくある。以下に例を挙げる。

「まだ彼らに知らせる必要はない。時期が来たら伝えることにしよう。いま伝えても混乱させるだけだ」

真実を伝えないことで当面は混乱を抑えられたとしても、のちの苦しみや不信感を長引かせるだけだ。それに、噂はすでに広がっている。情報を秘密にしておくことなどできない。

「彼らはすでに知っているはずだ。すでに伝えたのだから」

確かに伝えはしたのだろう。だが、十分に伝わっているとは言えない。一方的に伝えた情報は、浸透するのに恐ろしく時間がかかる。情報は繰り返し伝えること。また、言い方や伝える手段（会議、個別面談、メール、会社のホームページやツイッターへの掲載など）も工夫してみよう。

「管理職には情報を伝えてある。それを周知するのは彼の仕事だ」

管理職たちもトランジションの最中にいるかもしれないし、周囲に正確に伝えられるほど情報を十分理解できていないかもしれない。あるいは、彼らは否定のステージにいるかもしれない。情報には力がある。だからそれを自分の手の中にだけ持っていたいと思っているかもしれない。正しい情報がひとりでに伝わっていくなどとは考えないほうがよい。

「われわれもまだ詳細を把握していない。すべての情報が出揃うまでは何も言わないほうがいいだろう」

そうこうしているうちに、社員の不安や怒りが増していくだけだ。「まだわからない」と言うより、いまの時点でわかっていることを伝え、詳しい情報はいつ提供できるかを知らせておくほうがよい。

それが予定通りにいかなかった場合は、約束を忘れたわけではないとアピールすることを忘れないようにしよう。

「心から正直であろうとする人のほうが、自分の主張を貫こうとする人よりも、その言動に矛盾がない」

オリバー・ウェンデル・ホームズ・ジュニア（アメリカの法律家）

もちろん、情報を伏せておかなければならないときもある（証券取引委員会などは、つねにその必要がある）。競合他社に知られないよう、自社の戦略を語るべきでないときもあるだろう。だが、ほとんどの場合、情報が伏せられるのは、リーダーや管理職が情報を伝えることに自信がないからである。この自信のなさは、情報が先々に与える影響を憂慮してというよりも、目先の衝撃（先に述べた「悲嘆の感情を語ること」への影響なども含まれる）に対する不安からきていることが多い。

そこで管理職たちは、真実を告げるより真実と虚偽を一緒くたにした情報でごまかそうとする。のちにそれは偽りの情報だと明らかになるが、そうなった場合、管理職たちは言い逃れをし、矛盾を隠すために話をでっちあげようとするに決まっている。

何が終わり、何が終わらないのかを明確にする

「終わり」によって組織が直面する最も難しい問題は「混乱」である。物事は変化し、組織もかつてのやり方を続けるわけにはいかなくなる。だが、何を終わらせるのか？　上司から「今日からコスト削減と競争力の強化に力を入れる」と言われたら、どうすればいいのか。在庫を三割減らす？　それとも、残業してでも生産性を上げる？　何を「やめる」べきなのだろうか。「顧客重視をモットーとする」と言われたら？　顧客の要望にすべて答えなければならないのか？　どんなに小さなクレームにも対応する？　これまでの方針や手順はどうなるのか？　そんなことはもうどうでもいいのだろうか？　「統制範囲を一・五倍にする」と言われたら、より少ない人数で多くの仕事をこなすという意味なのだろうか？　それとも、より効率のよい方法を探すということなのか？

変化においてリーダーが担うべき最も重要な役割は、「終わり」の時期が来たことを明確に伝えることである。過去との決別を告げることは、過去に愛着のあるメンバーから反発を招きかねないため、何を手放すのかを明言することに消極的なリーダーもいる。だが、それをはっきりと伝えなければ、変化という目標そのものが危うくなってしまう。

そして、何が終わり、何が終わらないのかをはっきりさせなければ、以下のような、深刻で複雑な状況に陥る可能性が高い。

①それぞれが何も手放そうとせず、古いやり方と新しいやり方のどちらも行おうとする。そのせいで負担が大きくなり、すぐに燃え尽きてしまう。
②何を手放し、何を手放さないのか、各自が自分の判断に頼るようになり、混乱とカオスを引き起こす。
③これまでやってきたことがすべて放置され、その結果、大事なものまで失ってしまう。

起こそうとしている変化をさまざまな角度から見直し、何が終わって何が終わらないのかを具体的に伝えていこう。もちろん、それには時間がかかる。だが、右のような状況が起こってしまえば、そのダメージから回復するのにもっと時間がかかることになる。

「終わり」を印象づける

「終わり」について語るだけでなく、その「終わり」を行動や態度で演出しよう。アメリカの自動車部品メーカー、デーナ・コーポレーションを新たに率いることになった経営者は、「規則で縛る」という企業文化が業務を停滞させていることに気づいた。規則は細部に及んでいたが、うまく機能していなかった。また、規則が多すぎて覚えきれず、どのマニュアルに何が書いてあるのかもはっきりしない。そこでこの新しい経営者は、最小限の方針を定めて社内に広く周知し、「あとは社員の知性や自主性に任せる」という企業文化へと方向転換を図った。

そこでまず、彼はこの変化について社員たちに語ったのだが、実際に変化を実行するときには、自分の意思を伝える手段として、言葉ではなく行動を選んだ。経営会議を開き、古いマニュアルを会議室の床に高々と積み上げると、その横で、これからの方針が印刷された一枚の紙を掲げてみせたのだ。そしてこう言った。「これがわが社の新しい規則だ」

もっと劇的な演出がしたいのであれば、スペインの探検家、エルナン・コルテスのエピソードが参考になるだろう。コルテスが部下たちとともにベラクルスの港に上陸したとき、これから待ち受けている試練に対して部下たちがやる気を失っていることに気づいた。敵が大勢待ち受ける大陸を目の前にして、こんなところに来なければよかったと、誰もが後悔している。そこでコルテスは、乗ってきた船を焼き払い、彼らに覚悟を決めさせたのだった（ちょっと手荒すぎるかもしれない）。

第2章で取り上げたソフトウェア企業を思い出してほしい。「個々の貢献者」を「チーム」へと変えるために、個別のブースを取り払い、新しい仲間となったメンバー同士が顔を合わせて話ができるよう、チームの共有スペースを作るという選択肢があった。こうしたスペースは機能としても効果があるだろう。だがそれと同じくらい重要なのは、共有スペースを作るという行為そのものが、一つのメッセージを伝えているということなのである――「個々で働くという古いやり方は終わった。協力し合って働くという新しいやり方が始まったのだ」。

スーパーマーケット・チェーンのアルバートソンは、大がかりな組織再編を行った際、この「終わり」を従業員たちの心に刻みつけようとした。そこで、ジャズバンドや棺まで用意して、本格的なニューオーリンズ・スタイルの葬儀を行ったのである。

この葬儀の意図は、古いものを葬り去り、手放し、なおかつそれを楽しくやることにあった。社長が追悼の言葉を述べ、従業員たちは古い方針書や手引書や書類を破り捨て、今後使うことのないものをすべて棺のなかに入れた。この葬儀は従業員たちにとって、「終わり」と向き合い、前に進むための良いきっかけとなった〔2〕。

過去を尊重する

過去をないがしろにしてはならない。管理職の多くが、過去よりも良くなるはずの未来に夢中になり、過去のやり方を馬鹿にし、貶めようとする。しかし、そうした態度は、トランジションへの抵抗を強くするだけだ。なぜなら、誰でも過去のやり方に愛着を持ち、その過去が傷つけられた場合には自尊心まで傷つけられたような気持ちになるからである。

一方、過去を批判するという考え方には一理ある。これからやろうとしていることと、過去のやり方、あるいは過去にやってきたことを区別しようとするのは間違いではない。大切なのは、偏ったやり方を避けることだ。以下に、その例を示す。

ある企業の役員が、部署を事業ごとに分けて再編成することに決めた。そこで彼は、これまでの「機能型組織」について、非効率で時代遅れだと批判するのではなく（「道理の分かった人間ならそんなことはしない」などと言って）、今日の地位（さらなる発展まであと一歩というところ）へと導いてくれたその功績を称えたのだ。前任者がやってきたことへの敬意を示したうえで、新しい挑戦（さまざまな反応が予想された）について語ったのである。

別の例を見てみよう。ある会社の人事部に新しい部長が配属になった。彼は、部門内の独立意識の強さがお互いに相容れない方針や縄張り争いを生み、社員同士が協力関係を築くことを阻害していると気づいた。だがこの新部長は、頭ごなしに古いやり方を批判するのではなく、チームの中心メンバーを顧客のもとへと向かわせた。つまり、顧客に批判をしてもらったのだ。次に、その中心メンバーを外部の組織（チームワークによってサービスが格段に向上した企業）に派遣して、彼らが変化を理解し、ほかのメンバーを引っ張っていけるようサポートしたのである。

誰かを過去から方向転換させるときは、その人があなたから、あるいは組織が進むべき方向から目を背けてしまわないよう、慎重に行わなければならない。革新は過去の発展のうえに築かれ、過去には力があるということを気づかせよう。私たちは過去の努力に敬意を示すべきである。

過去の一部を記念に取っておく

過去の一部を記念として手元に置いておくことで、「終わり」はさらに受け入れやすいものになる。私たちは「終わり」から自由になろうとしているのであって、それを伝染病のように根絶やしにしようとしているわけではない。古い体制の一員であったことを恥ずかしく思うようなことがあってはならないのだ。

「過去は尊重して認めるべきものだが、崇拝してはならない。未来にこそ、偉大さが秘められている」
ピエール・トルドー（元カナダ首相）

ある航空会社が別の航空会社と合併することになったとき、ロサンゼルス国際空港にある従業員専用の福利厚生施設では、合併する前の会社の大きな赤いロゴが入ったグッズが完売したという。また、アルマデン・ワイナリーが開発業者に敷地を売却したときには、従業員たちは最高の職場を失ってしまった。なかでも、休憩時間やランチタイムを過ごしていたワイナリーのバラ園がなくなったことを悲しんだ。ワイナリーの経営者は、従業員たちが仕事帰りにバラ園を訪れてバラの切り花を家に持ち帰っていたことを知る。従業員たちの喪失感の大きさを理解した経営者は、バラ園からバラを刈り取って、従業員たちにプレゼントした。

「変化のない状態には保守もない」　エドマンド・バーク（イギリスの政治家）

組織は、こうした「過去への愛着」をもっとうまく活用するべきである。ミシガン州にあるプロクター・アンド・ギャンブル（P＆G）の製紙工場では、前年度の業績についてまとめた「イヤー・ブック」を毎年作成し、従業員たちが持ち寄った写真やエッセイなどを掲載している。イヤー・ブックには「卒業者」のページも設けられ、それぞれの異動先などの情報も添えられている。

ある大手電気通信会社が、合併の日程を発表した（その日から社名が変わることになる）。従業員たちは新しい環境に不安を抱き、混乱していた。そして、これまでの人間関係や業績のなかで築いてきたプライドを失ったように感じていた。

この会社の社屋は二つの建物から成り、その間はガラス張りの通路でつながっていた。ほとんどの従業員は、その通路を毎日往来していた。そこで、これまでの歴史に敬意を表そうと、この会社は通路に「ウォール・オブ・フェイム（名誉の壁）」と名づけたディスプレイを設置し、新聞や雑誌で取り上げられた会社の記事、授与された賞、これまでに撮られた写真などを掲示していった。グラス、マグカップ、Tシャツといった思い出のグッズも飾られた。従業員たちは通路を通るたびに足を止め、歴史を思い出し、感謝の気持ちを捧げた。新会社発足の前日、グッズのうち使えるものはチャリティ団体へと寄付され、そのほかのものは社内の資料室に収められた。最後に、「お別れ会」としてバーベキュー・パーティーを開いた。

「その場しのぎの思いつきに限って長続きする」

フランスのことわざ

「終わり」は大切なものを守るためにあることをはっきりと示す

「終わり」は、廃業や買収といった絶望的なものばかりではない。実際に「終わり」は、より大きなものを守るための唯一の方法として選択されることが多い。時代遅れの製品の製造を中止して新製品の製造を始めるのは、顧客を失わないためだ。二つの病院が（個々のアイデンティティは失われたとしても）合併を決めるのは、どちらも単独では生き残れないからだ。新興企業が中堅企業へと成長するためには、スリルはあっただろうが〝勘頼み〟の、これまでの経営スタイルを変えていく必要がある。新しい体制が機能し始める前に古い体制は放棄されなければならない。全体を守るために、アイデンティティの一部を犠牲にするのである。

「保守主義とは、過去の改革への崇拝である」

クリントン・ロシター（アメリカの歴史家）

こうした考えから導き出される結論は、過去――「終わり」が近づくと理想化される傾向がある

――とは、変化というプロセスのなかの一つの期間（あるいは変化が引き起こした結果）だということである。私たちが過去について語るのは、かつての平和と安定を語りたいからだ。しかし、それは記憶の一部にすぎない。過去にも変化はあったはずだ。過去に変化とみなされていたものが達成されたとき、私たちはそれまで抱いていた喪失感のことも忘れて、その変化を新しい〝伝統〟として受け入れる。だが実際には、トランジションによって導かれた改革が単に忘れ去られてしまっているだけなのだ。

昨日の「終わり」が今日の成功の「始まり」であり、明日の変化が起こる頃には、今日は終わりを告げているだろう。「終わり」は誰にとっても良いものではない。しかし、「終わり」は過去の予期せぬ空白期間でもなければ、その権限のある誰かが一方的に始めた迷惑な試みでもないのだ。

最後に考えること

「ある国を奪い取るとき、征服者はやるべき加害行為を決然として行い、しかも、そのすべてを一気呵成に行うべきだ。残虐行為は一度に終わらせなければならない」

ニッコロ・マキャヴェッリ（イタリアの政治思想家）

ここまで、企業の例を取り上げながら、喪失が従業員に与える影響を理解し、その痛みをやわらげる方法を見てきた。読者のみなさんは、問題は一つずつ時間をかけて取り除いていけばいいのだと思われたかもしれない。だが、どうか誤解しないでほしい。組織がいちばんに避けるべきなのは、「終わり」をあまりに軽視すること、あるいは曖昧なものにすることなのだ。そうした「終わり」は、古傷が癒える前に、乗り越えなければならない新たな喪失を生み出してしまう。終わらせるべきものはさっさと終わらせ、長引かせてはいけない。そのために、計画は慎重に立て、「終わり」から回復するための時間も計算に入れておく必要がある。だが計画を行動に移すときには、中途半端ではなく一気に行うべきなのである。

「二〇フィートの幅の深淵を一〇フィートのジャンプ二回で飛び越えようとしても無駄である」
アメリカのことわざ

結論

組織内の変化がうまくいかない最大の原因は、「終わり」を意識し、「終わり」がもたらす衝撃に備えようとしないことである。将来のことを心配するのは当然だが、何かを計画し、それを実行に移すときには、まず「いま」を手放さなければならないということを、私たちは忘れてしまいがちだ。「変化のマネジメント」の第一歩は、変化が生み出す可能性のある結果と、その結果を手に入れる方法を明らかにすることである。一方、「トランジションマネジメント」の第一歩は、住み慣れた家を離れるように人々を説得することである。それを胸に刻んでおけば、あなたがこの先「悲嘆」に明け暮れることもないだろう。

【「終わり」のマネジメント・チェックリスト】

□変化について慎重に吟味し、誰が（そして自分自身が）何を失おうとしているのかを明らかにしたか？
□喪失を体験している人間から見た主観的な現実を（彼らが「過剰反応」しているように見えたとしても）理解しているか？
□喪失に共感を示しているか？
□誰もが「悲嘆」できる雰囲気を作り、（たとえ善意からであっても）彼らの怒りや悲しみを抑え込もうとする試みを阻止できているか？
□自分自身が喪失についてどう感じているかを公然と表現したか？
□喪失を埋め合わせる手段を見つけたか？
□正確な情報を繰り返し提供したか？
□何が終わり、何が終わらないのかを明確にしたか？
□「終わり」を印象づける方法を見つけたか？

□過去を貶めることがないよう気を配りつつ、過去に敬意を表する方法を探したか？
□過去の一部を思い出として分かち合う手段は決まったか？
□自分たちの組織や拠りどころを守るためには「終わり」が欠かせないということを周囲に明確に伝えたか？

最後の質問

組織のなかで起こっている「終わり」に人々がうまく対処できるよう、あなたはどのような行動を起こすべきだろうか？　トランジションマネジメントの一環として、いますぐ着手できることはないだろうか？

第4章　ニュートラルゾーンを通過する

「私たちが恐れているのは、変化でも、古いやり方を手放すことでもない。その中間にいることが怖いのだ……。それは、空中ブランコから別のブランコへ飛び移るときに宙に浮かんでいる瞬間のようなものだ。あるいは、お気に入りの毛布を洗濯機に放り込まれたライナス（訳注：スヌーピーで有名な漫画『ピーナッツ』に登場する男の子）のようなものといえばいいかもしれない。つまり、しがみつけるものが何もないということだ」

マリリン・ファーガソン（アメリカの未来主義者）

「長い間、海岸を見失う覚悟がなければ、新大陸を発見することなどできない」

アンドレ・ジッド（フランスの小説家）

トランジションマネジメントの最大の難局は「古いやり方を手放させること」だと実感したそのとき、あなたは次の局面に突入する――古いやり方も新しいやり方もどちらもうまくいかない状態だ。誰もが、相反する二つの体制の間に挟まれ、身動きが取れなくなってしまう。まるで、「生きるべきか死ぬべきか」を決めかねているハムレットのように。あるいは、体制がすべて崩壊し、私のクライアントが「完全なる沈黙」と呼んだ状態に陥るかもしれない。

この状態が長く続かないのなら、じっと我慢してやり過ごすだけでいい。しかし、変化が深刻で影響が広範囲におよぶ場合、この「古いアイデンティティと新しいアイデンティティのはざま」の期間は、何カ月、あるいは何年も続くことになる。マリリン・ファーガソンが巧みに表現しているように、一つのブランコから手を放し、次のブランコがやって来るまでの間、しがみつけるものが何もない時間を味わうことになる。

ニュートラルゾーンは困難な時期である

さらに悪いことに、上司がしびれを切らし始める。「この変化を終わらせるのに、あとどのくらい時間がかかるんだ？」と上司は尋ねる。その口調からは、「時間がかかりすぎだ」と思っていることがうかがえる。あなたは前向きに答えたいが、安請け合いはできない。フラストレーションや緊張感が高まる一方で、チーム全体の仕事のスピードも遅くなり、優秀なメンバーが「転職活動を始めた」などという噂も聞こえてくるようになる。

トランジションの第二段階へようこそ！　この「ニュートラルゾーン」に相当する言葉を持つ言

語はほとんどない。私たちが「ニュートラルゾーン」と呼ぶのは、それが「二つの場所の間のどこでもない場所」だからであり、そこでは「前に進む」動きはすべて停止し、あなたという存在も、過去と未来の間で宙ぶらりんになってしまうからである［1］。ニュートラルゾーンは、組織のなかだけでなく、個々の人生にも社会の歴史のなかにも出現する。

「危機とは、古きものが消え去り、新しいものも生まれえぬ状況のなかに存在する。そのような空白期間にはさまざまな病状が現れる」

アントニオ・グラムシ（イタリアの政治活動家）

「ニュートラルゾーン」とは何か？　なぜ存在するのか？　その答えは89ページの図を見ればわかるだろう。ニュートラルゾーンでは、それまではっきりわかっていたことも曖昧になり、物事は流動的になる。状況は漠然としていて、当たり前だったことが当たり前でなくなり、何が起こってもおかしくない。意見はばらばらで、正しい答えを知っている者もいない。

こうしたニュートラルゾーンがもたらす危機は、さまざまな形となって現れる。

①不安が高まり、モチベーションが下がる。混乱し、自分に自信がなくなる。怒りっぽくなり、自分を守ることばかり考えるようになる。職場から活気が消え、漫然と仕事をこなすだけになる。

ある企業合併のケースでは、規模の小さいほうの企業の主要部門で社員の効率が半分に落ち込んだという報告もある。

「人が病気になるのは、たいてい変化に襲われたときだ」

ヘロドトス（ギリシャの歴史家）

②ニュートラルゾーンにいる人は仕事のミスが増える。その結果、生産性は低下し、最悪の場合、社員の医療費や傷害保険の請求額が一気に跳ねあがる。人員整理を行っていたある銀行では、休職者数がそれまでの三倍に急増した。私たちは、その銀行でトランジションマネジメントの研修を実施していたのだが、担当のマネージャーが病気で休職してしまったため、研修スケジュールを立てるのに非常に苦労した。

③過去にカバーできていた弱点や埋め合わせできていた弱点が再び姿を現す。顧客サービスが弱点だったのなら、ニュートラルゾーンでは、サービスがさらに低下する恐れがある。経営者に対する信頼感が揺らいでいるときには、「役員だけに手厚い解雇手当が支給されることへの不満」が再燃してしまうかもしれない。社外コミュニケーションや広報に問題を抱えていたのなら、せっかく改善に向かっていたとしても、ニュートラルゾーンでは状況がさらに悪化してしまう。

④ニュートラルゾーンでは、つねに精神的な負担を感じ、混乱しやすくなる。秩序も流動的で頼りのないものになる。優先順位は曖昧になり、情報は誤って伝達され、重要な課題が放置される。疑念やフラストレーションがたまり、誰もが組織の将来に不安を抱くようになり、離職者が増え始める。

⑤ニュートラルゾーンが曖昧だからこそ、誰もが極端な行動に走りがちになる。ある人は猛スピードで前に進もうとし、ある人は古いやり方に戻ろうとする。こうした極端な状況にさらされ続けると、相互理解は失われ、不協和音が生じ始める。組織に対する忠誠心が揺らぐと同時にチームワークも壊れていく。適切に対処すれば、この状況はあくまで一時的なもので終わる。しかし対処を怠ると、分裂は末期的なカオス状態を生み出してしまう。それが原因で、ニュートラルゾーンから抜け出せない組織もある。

⑥古代戦国時代の歴史家へロドトスが指摘しているように、この時期、組織は外からの攻撃を受けやすくなる。混乱し、疲れ果て、競争相手の脅威に対しても、鈍く、おざなりな反応しか示さなくなってしまう。組織への反感を募らせた人物が、その反感をぶつけようと、この防御力の弱さにつけこもうとするかもしれない。

トランジション——“四角”が“丸”へと形を変える

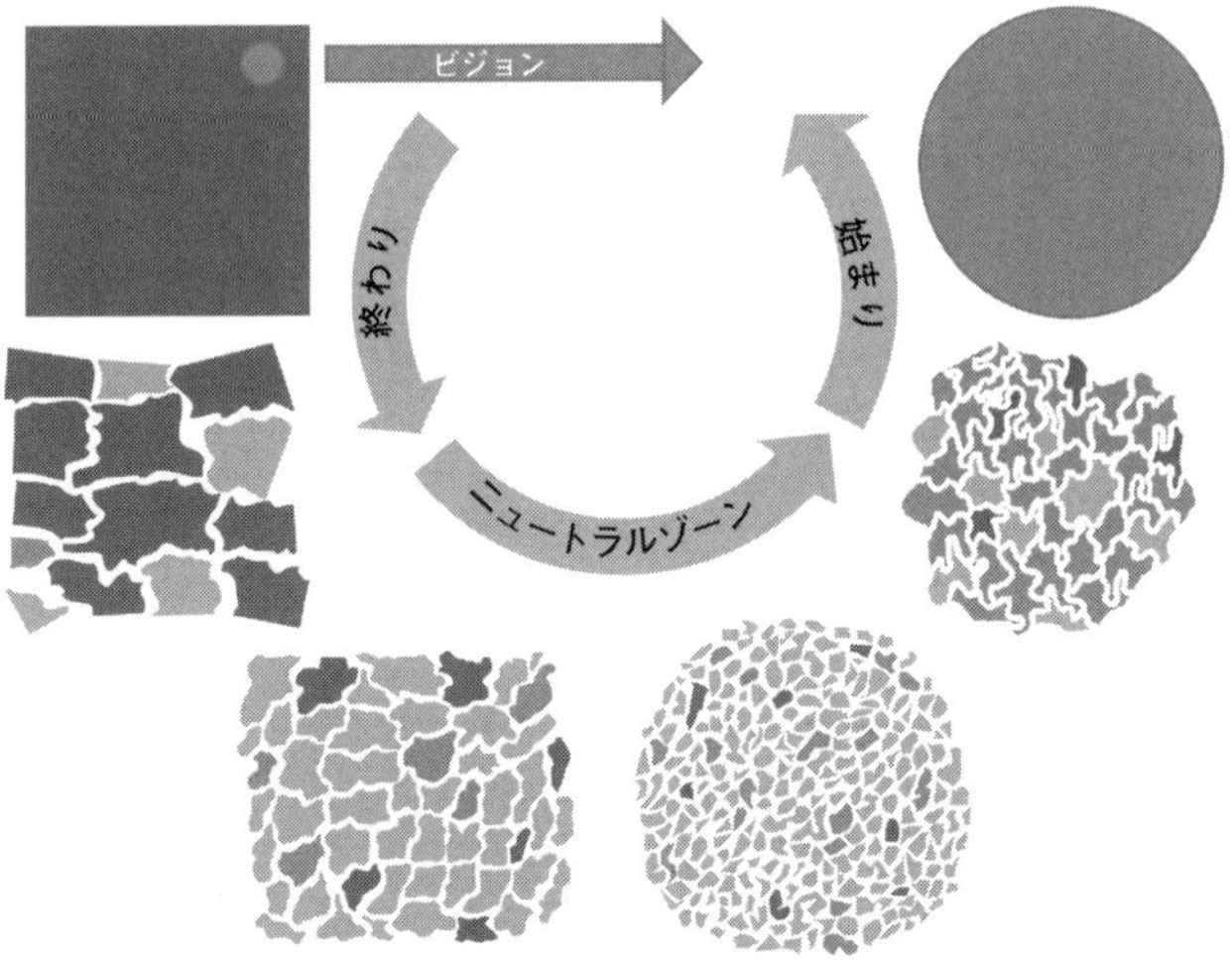

「すでにその考えを受け入れている人間と、これから受け入れようとする人間との議論ほど激しいものはない」

クリストファー・モーリー（アメリカの作家）

こうしたことが起こる恐れがあるからこそ、大きな変化が起こっているとき、ニュートラルゾーンをうまく乗り切ることが大切なのだ。ニュートラルゾーンへの対応は「余裕があるときにやればいい」というようなものではない。それは、組織が変化を無傷で乗り越え、変化を期待通りの結果へと導く唯一の方法である。そんなことをしている時間はないと言うのなら、状況を完全に誤解している。ニュートラルゾーンをうまく乗り切れば、時間の節約になる。「一度目は失敗したから」と、変化を何度も起こす必要がなくなるからだ。また、古いやり方から新しいやり方へと移行するときに、ニュートラルゾーンにスムーズに対応することができれば、組織の結束も乱れることはないだろう。

ニュートラルゾーンは創造性にあふれた時期でもある

「『ばかげた質問』に聞こえるものにこそ、新たな発展への鍵が潜んでいる」
アルフレッド・ノース・ホワイトヘッド（イギリスの哲学者）

何もかもが順調に進んでいるとき、変化を起こすことは難しい。「壊れていなければ直す必要もない」からだ。答えを知っている人間は疑問を感じない。疑問を感じなければ、現状を変えたいとは思わない。変化を意識することがなければ、状況が悪化していることに気づかず、気がついたときには、組織は深刻な状況に陥っているかもしれない。

問題の多い組織から移ってきた人間や状況を把握していない外部の人間こそ、解決策を思いつきやすい。蒸気を用いて鉄を脱炭し、鋼を製錬するという手法を確立したイギリスの発明者、ヘンリー・ベッセマーの例がそれを物語っている。ベッセマーは、製鋼についての知識をほとんど持ち合わせていなかった。彼の言葉によると「問題の解決法を見いだすのにほかの誰よりも有利だった。長年の実践で築かれた固定観念によって思考を妨げられることもなく、『これこそが正解だ』という思い込みに悩まされることもなかった」［2］。

明確な体制や方針のないニュートラルゾーンはカオスを生み出すが、だからこそ、ニュートラルゾーンは安定期よりも新しいアイデアが生まれやすいと言える。ニュートラルゾーンは自動的にベッセマーのような状況を生み出すが、そこには創造性を発揮するチャンスがあふれている。従って、あなたは二つの課題と直面していることになる。一つは、このトランジションの第二段階を無事通過することだ。もう一つは、人々に革新を促すことでニュートラルゾーンの曖昧さを力に変えることだ。ニュートラルゾーンを乗り越えるのは容易ではないが、準備を怠らなければきちんと通過することはできる。人々を目的地までどう導くのか、その方法を見ていこう。

「秩序は習慣を養い、混乱は人生を養う」

ヘンリー・アダムズ（アメリカの歴史家）

ニュートラルゾーンを〝正常化〟する

ニュートラルゾーンのいちばん難しいところは、ほとんどの人がそれをよく理解できないことだろう。私たちは、古いやり方から新しいやり方へと一息に移行できると思いがちだ。しかし実のところ、道のこちら側からあちら側へ渡るというような単純な話ではない。それは古いアイデンティティから新しいアイデンティティへと向かう旅であり、しかも時間のかかる旅なのである。

「良いアイデアを思いついたとき、私がやることは、それをあちこちで語り、ほかの人の反応を見たり、意見を聞いたり、話し合ったり、あるいは、そのアイデアを観察し続けることだ」

スティーブ・ジョブズ（アップル共同創業者）

ニュートラルゾーンは、モーセが人々を率いて進んだ荒野のようなものである。モーセが旅を終えるまでに四〇年もかかったのは、道に迷ったからではない。エジプト時代を知る世代が死に絶えるまで、イスラエルの民は約束の地に入ることができなかったからだ。「ある世代の人間が全員死ななければ、状況は変わらない」という予言を文字通り受けとめるなら、うんざりして当然だ。しかし、その言葉にこだわるのではなく、モーセの長い荒野の旅を一つのメッセージとしてとらえれば、さほど悲観的にならずに自分の状況に当てはめて考えられるだろう。つまり、目の前に広がる新しい世界へ足を踏み入れる前に物事の見方や態度、価値観、自己イメージ、考え方といった過去の世界に属するものを「この世から消し去る」必要がある、ということなのだ。モーセは人々を率いてエジプトを出国したとき、「終わり」をうまく乗り越えることができた。だが、ニュートラルゾーンという荒野のなかで、人々の心からエジプトの記憶を払拭するには、四〇年という歳月が必要だった。あなたの場合はそれほど長くはかからないだろう。それでも、数週間では乗り越えられないことも確かだ。

「習慣は習慣だ。誰であれ、それを人が窓から放り投げることはできない。根気よく一度に一段ずつ階段を降ろしていくしかない」

マーク・トウェイン（アメリカの作家）

ニュートラルゾーンは、混乱し、意味もなくただ待っているだけの無駄な時間に思えるかもしれないが、実はそうではない。そこでは再構築や再定義が起こっている。冬期ではあるが、地面の下では春の成長がすでに形を取り始めているのだ。

ニュートラルゾーンで不安や戸惑いを感じるのはいたって自然なことだと誰もが理解する必要がある。古い意識が新しい意識に取って代わられたとき、人々は自信を失い、自分自身やリーダーに対する疑念がわき起こる。迷いが生じると、答えを求める気持ちも大きくなる。だからこそ、ニュートラルゾーンにいるときは、進む方向が定まっている人（たとえそれがトラブルメーカーや状況から逃げ出そうとしている人であっても）についていきたいという誘惑にかられるのである。ニュートラルゾーンで離職率が高くなるのは無理もないことなのだ。

「混乱とは、いまだ理解されずにいる秩序を言い表すために生み出された言葉だ」

ヘンリー・ミラー（アメリカの小説家）

ニュートラルゾーンを再定義する

ニュートラルゾーンのこうした居心地の悪さを象徴する比喩を変えることが大きな意味を持つこともある。ある企業で工場が閉鎖することになった。閉鎖が発表されてから実際の閉鎖までの期間を、従業員たちは「沈みかかった船」と呼んでいた。言うまでもなく、こうした比喩は「この船からできるだけ早く逃げ出したい」という従業員の気持ちをあおってしまう。閉鎖まではこの工場の生産量を見込んでいた企業側は、工場が操業を停止する日までにこの工場での生産が成り立たなくなってしまう可能性があることに気づいたのだった。

そこで、従業員たちのやる気にマイナスの影響を与えないような何か新しい比喩を考える必要があった。企業側は現状を見つめなおし、「最後の航海に向かう船」という言葉を思いつく。従業員たちの悲嘆の思いに理解を示しつつ、状況の前向きな面を強調したのである。この「最後の航海」は、組織と個人の両方にとってメリットがあった。企業は工場閉鎖まで生産量を確保することができき、一方、従業員たちは、この期間にスキルを向上させてキャリア戦略を練り、配置転換によって経験を積むことで、自らの市場価値を高めることができたのだ。

そして、(新しい表現を借りると) この船が〝入港〟したとき、従業員たちはスムーズに〝下船〟し、それまでの航海での経験と困難を乗り越えたという自信によって、航海前よりも成長を遂げていた。かくして、当初落ち込んでいた工場の生産量は改善し、四カ月後には上昇に転じた。閉鎖前の最後の一カ月、一人当たりの生産量は通常の二倍に達していた。この工場の「最後の航海」はすばらしい成果を生み出した。これに気をよくした企業は、工場の閉鎖を数カ月延期してさらに利益を上げようともくろんだ。すると、ここに至るまでのチームワークは目を見張るものがあった従業員たちは騙されたような気分になり、生産力は急降下した。トランジションマネジメントは、ウィン・ウィンの関係に基づいていなければならないのである。

この「沈みかかった船」から「最後の航海」へという比喩の転換は、ただの言葉遊びに思えるかもしれない。しかし、それぞれの言葉は、困難な状況に対するとらえ方の違いを的確に表現している。「最後の航海」という言葉は、否応なしに直面している困難をないことはできないものの、この状況に目標を与えてくれる。一方「沈みかかった船」のほうは、人々を絶望の淵に残したままだ。「沈みかかった船」が「早くここから逃げ出そう」という呼びかけだったのに対し、「最後の航海」は「状況を最大限に活かそう」というメッセージを伝えていたのだ。

「冒険とは、正しく理解されたところの不便さである。不便さとは、誤って理解されたところの冒険である」

G・K・チェスタトン（イギリスの作家）

工場の責任者や、この工場の生産量を頼りにしていた部署は、こうしていままでにない方法で従業員と意思疎通を図った。だが、彼らが行ったことはそれだけではない。誰もが納得し、そのうえ利益を得られるように、新たな訓練プログラムや配置転換の方針を定め、それを実行に移したのだ。必要とされる時期まできちんと仕事を続けた者に対してはささやかな報奨金を支給し、工場閉鎖後も従業員たちが仕事を続けられるようほかの部署と交渉したのである。

ニュートラルゾーンのための臨時体制を整える

誰もが不安を感じて混乱しているときに拠りどころやサポートを提供するには、どうすればいいのだろうか？

①従業員たちがバランスを取り戻そうと努力しているときには、さらなる変化から彼らを守ることに全力を注ぐべきである。もちろん、うまくいかないときもあるだろう（政府が新たな規則を定めたせいで一からやり直さざるを得なかったり、競争相手が新製品を発表したことによって売り上げが落ち込んだりするかもしれない）。だが、変化の多くは回避するか、少なくとも到着を遅らせることはできる。新たな変化は避けられないとしても、それをいま体験している大きな変化の一部に見せかけることもできる。変化同士につながりがあり、個々の変化を全体の一部として扱えるのであれば、複数の変化に同時に対応することも不可能ではない。しかし、ほかの変化と

は何の関係もない、予期せぬ変化が起こった場合は、それがたとえ小さな変化であったとしても、人々を極限に追い込んでしまうかもしれない。

②方針や措置が、ニュートラルゾーンの不安定で流動的な状況に見合ったものかどうか、見直そう。これまでのルールは、変化が起こっていないときの仕事のやり方を定めたものだ。現状をカバーする新たな方針（職務の分類、優先順位、研修期間、職権など）を定める必要はないだろうか？　一時的な業務の割り当てや、仕事の進め方、負担の軽減、訓練ニーズの把握、面談の日程調整など、追加が必要な措置はないだろうか？

③さらに、次のことも考えてみよう。この困難な時期を乗り切るために、新しい役割、上下関係、チームを構築する必要はあるだろうか？　モーセはエトロ（彼こそ、歴史上最初の組織コンサルタントである）の力を借り、ニュートラルゾーンでの自らの意思決定プロセスを見直すことにした。そして、臨時の意思決定者（当時の言葉で言うと「裁き司」）を任命し、その人物を長として人々をグループ分けしていった。ニュートラルゾーンではそれまでの階級制度が崩壊することも多く、特別部隊やプロジェクトチームなど、新たなメンバーでグループを編成することが有効に働く場合もある。一時的に役職を与えたり、管理職の役割を演じさせたりすることも、時には必要になるだろう。

④最終的な目標に向かって前進してその進捗状況を確認するためには、短期目標を定めるのが有効な方法である。ニュートラルゾーンでは、やる気は失われがちになる。重要なことは何一つ起こっていないように見えてしまうからだ。そこで、人々に達成感や高揚感を与えることが何よりも大切になる。それによって、迷いや虚しさや自己不信といった感情も払拭できるはずだ。

⑤ニュートラルゾーンでは、目標を高く設定しすぎたせいで失敗に終わるようなことがあってはならない。大きな目標が失敗に終わると、人々は愕然とする。あなたは信頼を失うだろうし、部下たちはさらに自信をなくし、あなたの上司もショックを受けるにちがいない。高いハードルを設定し、それを乗り越えられずに打ちひしがれるよりも、ハードルを下げてみんなをやる気にさせることのほうが、長い目で見るとはるかに価値があるということを、あなたは上司に伝えていかなければならない。上の立場に立つ人間は、面目を失うことを恐れるものだ。現実的な目標を定めることの大切さを、彼らにも理解してもらう必要があるだろう。

⑥ニュートラルゾーンでその役割を果たすために、監督者や管理職は何を学ぶべきか。それを見極め、目的に応じた研修の場を彼らに提供しなければならない。問題解決やチーム作り、あるいはトランジションマネジメントのテクニックを学ぶワークショップを開いてもいいだろう。

組織内部の結束を強める

ニュートラルゾーンは孤独な場所だ。状況が把握できないと、私たちは孤立を感じてしまう。先にも述べたように、そこでは解決したはずの問題が再浮上し、くすぶっていた感情が息を吹き返す。だからこそ、グループへの帰属意識や、メンバー同士の連帯感を強めることが何よりも重要なのである。

組織再編に取り組んでいた大手航空会社では、一年間、週に一度、各部署の代表者を集め、統括マネージャーとのランチ・ミーティングの場を設けた。統括マネージャーは、食事をしながらさまざまな質問に答え、この「困難な時期」を乗り越えるにはどんな変化が必要か、意見を募った。代表者たちは、毎週ミーティングから帰るたびに、リーダーに対する厚い信頼や強い連帯感を同僚や部署全体に広めていった。

「私はともに働く人々を心から信頼している。彼らにすべてを委ねている」

マリオ・ドラギ（イタリアの経済学者）

ある食品加工工場では、従業員との結束を一気に強めるために「ファミリー・デー」と銘打ったイベントが企画された。工場は操業を一日停止し、地元のテーマパークの一部を借り切って、従業員を一堂に集めた。このイベントの目的は、生産ラインの従業員と、監督者や中間管理職との交流を深め、さらに、ニュートラルゾーンの混乱で分裂してしまっていたグループ同士を一緒にすることだった。管理職たちは、自分の下で働く労働者たちの家族と会い、話をすることに心を砕いた。効果は、その翌朝にははっきりと表れた。生産ラインの従業員と管理職の間のわだかまりも消え、互いの結束も強まった。一週間もしないうちに、この工場の生産性は大幅に向上した。

コミュニケーションをとることによって、自分も組織の一員としてつながっているのだという実感が生まれる。多くの企業が、オンラインのニュースレターやソーシャルメディアのプラットフォームを利用して、ニュートラルゾーンにいる社員たちと触れ合い、彼らへの気遣いを示している。リアルタイムのコミュニケーションによって、社員たちに最新情報を伝え、あるいは誤解を解き、疑問にも答えることができる。本社を移転中だったある企業では、社内のイントラネットで「トランジション・ニュース」を配信し、進捗状況を知らせ、誤った情報を訂正し、移転先についての情報（学校や不動産の情報など）を提供していた。ニュースにはQ＆Aコーナーも設け、社員からのさまざまな質問に答えたという。

ミシガン州にあるプロクター・アンド・ギャンブル（P＆G）の製紙工場では、数カ月にわたる操業停止という不安定な時期、従業員とのコミュニケーションの手段としてニュースレターが効果的に用いられていた。異動先が決まった従業員の情報や、従業員援助プログラムのお知らせ、これまでの功績を称える記事、従業員の家族に関する内輪のニュースなど、ニュースレターにはさまざまな最新情報が掲載されていた。

どちらの企業のケースも、誰もが混乱して孤独を感じがちな時期に、コミュニケーションを取る手段としてニュースレターやソーシャルメディアがうまく活用されている。これらの企業が、ニュートラルゾーンに（ほかの企業ほど）苦しむことなく、ダメージを最小限に抑えて乗り切ったことは、決して偶然ではないだろう。

ニュートラルゾーンにおいて、特定のグループだけを優遇するような取り決めや活動は控えるべきである。このトランジションの第二段階では、「誰もが同じ船に乗っている」（これも比喩の好例の一つだろう）という感覚が大切である。みんなが同じ苦しみを味わっているなら、自分だって耐えることができる、そう思えるからだ。しかし、地位や人脈のおかげで特別な待遇を手に入れた人物がいる場合は、トラブルが生じる。例えば、上級役員のみに許されたファーストクラスでの移動や、特別な駐車スペース、役員専用の食堂といった優遇措置は、周囲の強い不満を引き起こす〝特権の象徴〟であり、ほかの人間が苦しんでいる時期に一部の人間だけは楽に過ごせるというメッセージを意図せずして伝えることになる。

トランジション・モニタリング・チームを結成する

トランジションの間、つねに悩まされる問題がある。それは、これまでの決断や行動が周囲に及ぼす影響をきちんと把握しながら計画を定め、さらには実行に移していくことは非常に難しいということだ。組織のリーダーは、必要なフィードバックは自動的に寄せられるもので、スタッフ会議で「状況は？」と尋ねれば、すぐに答えが返ってくると思っている。だが、そんなことはまずない。リーダーの何気ない質問に対する答えは、フィルターがかけられ、翻訳され、時にリーダーの耳に入る途中で遮断され、否応なしにゆがめられてしまう。以前のクライアント（ある大手航空会社のCEOだった）は、そうした状態を「NETMA（Nobody Ever Tells Me Anything＝誰も私に何も伝えてくれない）シンドローム」と呼んでいた。

こうした状況では、「トランジション・モニタリング・チーム（Transition Monitoring Team）」が有効だ。略して「TMT」と呼ばれることもあるが、組織内の幅広い部署から集められたメンバーで構成されるチームである。メンバーは毎週、あるいは隔週で会議を開き、トランジション通過中の組織をモニターする。このチームに意思決定の権限はなく、行動指針を定めるといった責任を担うものでもない。TMTの目的は、下から上への意思伝達を促進し、次に示す三つの目的を実行することである。

①TMTは、現状を把握するためのものである。TMT会議の機密性を保ち、「ここでの会話が直接上司へと伝わるわけではない」という安心感を与えることで、メンバーたちは意見や懸念を自由に発言し合えるようになる。

②ＴＭＴは効果的なフォーカス・グループである。何らかの計画や決定事項を発表する前に、それらに対する意見を収集することができるのだ。彼らの口からなら、「それは得策じゃないと思う。みんなの誤解を招きかねないし……」といった率直な感想も聞ける。

③ＴＭＴは利用価値の高い情報源としての役割も担っている。ＴＭＴから得た情報によって誤って伝わってしまった情報を訂正し、誤解を解くこともできる。

ＴＭＴを用いるに当たって気をつけなければならないこともある。第一に、ＴＭＴの目的を明確にしておくこと。ＴＭＴには意思決定や、トランジションを〝誘導〟する権限はなく、モニターするだけだということをメンバーにアピールする必要がある。第二に、組織上層部の既存のチームにＴＭＴの機能を兼任させてはならない。すでに何らかの責任を担っているチームには当然やるべき仕事があるため、ＴＭＴに期待する屈託のない意見が上がってこない可能性が高い。新規のチームを結成し、ＴＭＴが組織のなかでは独立した存在だということをメンバーに理解させよう。第三に、組織上層部と意思疎通できるよう、リーダーに顔がきく人物をＴＭＴの一員に選ぶことだ。第四に、ＴＭＴが臨時措置だということを明確にしておこう。結成当初に、チーム解散の時期を通知しておくとよいだろう（もちろん、必要に応じて変更は可能だ）。第五に、ＴＭＴは組織が直面している重大な課題に対処するために結成された特別チームだということをメンバーが自覚していなければならない。最後に、ＴＭＴから上がってきた懸念を放置せず、彼らの意見に対してどのような対応がなされたか、定期的にフィードバックを行い、提起された問題点が目に見える行動へとつながっていることが確実にメンバーに伝わるようにしよう。

ＴＭＴの設置や管理については、付録Ｃで詳述するので参考にしてほしい。ＴＭＴを一〇年以上運用しているロイヤル・ダッチ・シェル社のケース・スタディも紹介している。

ニュートラルゾーンの創造性を利用する

荒野を無事に乗り越えるためには、ニュートラルゾーンに臨時体制を適用することが大切だと述べたが、それだけでは十分ではない。ニュートラルゾーンが引き起こした一時停止の期間を、いつもとは違う方法を試すチャンスとして利用するのだ。ニュートラルゾーンでは、新しいことに対する抵抗力も弱まる。「どのみち不安定な時期なのだから新しいことを試してみよう」という気持ちになるからだ。そうした気持ちは、積極的に後押しすべきである。

「いつも同じ方法でやろうとするなら、それは間違ったやり方だろう」

チャールズ・ケタリング（アメリカの発明家）

どんな組織にも、それぞれの〝免疫システム〟がある。未知で、理解できない事柄に対し、抵抗するのがこのシステムの目的である。それは必ずしも悪いことではない。組織に免疫システムがなければ、外からやって来た〝細菌〟が根づいてしまい、物事を最後までやりとげるのに必要な安定や、自分たちのアイデンティティを保つための持久力が損なわれてしまう。だが、免疫システムには欠点もある。それは、良い細菌までもが排除され、活動できなくなってしまうという点だ。トランジション以前の段階では、免疫システムの働きによって創造性が抑えられている。トランジションを通過すれば、物事のやり方がどれだけ自由になっていたとしても、やはり免疫システムが働いて、創造性を発揮することは難しくなってしまう。古いやり方と新しいやり方のはざまにいるこの時期は、免疫システムが脆弱になり、新しいことに挑戦するチャンスだと言える。

先に述べたような臨時体制を整え、新しいことに挑戦したいという意欲を応援すれば、ニュートラルゾーンで革新が起こることは間違いない。創造性を刺激する方法として、アイデアをいくつか紹介する。

①いまこそ、一歩下がってよく考え、〝いつもの〟やり方に疑問を持ち、この難局を乗り越えるための新たな、そして創造的な解決策を探すときなのだということを、言葉や実例でアピールしよう。いつものやり方を続けていると創造性が失われてしまうことや、なぜいまが新しいアイデアを実行するのに絶好の機会なのかを誰もが理解できるように説明する。そのためには、まずあなたが、この新しい取り組み（一歩下がってよく考え、これまでの仕事のやり方に疑問を持つ）を

実践してみせることだ。自分が決めた方針や手順を見直してみよう。あなた自身が模範となることが、他人の行動を変える最も良い方法なのだ。

②組織として、そして個々が、一歩下がってよく考える時間を持てるようにしよう。現場からしばし離れて、これまでの手順を見直し、調査し、自由に意見を述べ合うのだ。また、これまでのキャリアを振り返り、各自が興味を持っている分野で力を発揮するチャンスを与えよう。こうした活動を通して、組織のなかに新しいアイデアが生まれた場合は、それを活かしていくことが大切だ。良いアイデアが放置されたり、真剣に取り上げられなかったりすると、せっかくの努力も無駄になってしまう。

③新しい発見や革新が見込める分野を積極的に開拓しよう。いまこそ、独創的な考え方を推進し、革新に力を入れるときだ。努力が失敗に終わるのは、実行の仕方に問題があるからではなく、実行するタイミングが悪かったからだ。免疫システムの働きがあまりに強大なときには、革新への努力はなかなか実らない。ここでもう一度、挑戦してみよう。どうしても型からはみ出したくないという人もいるだろう。だがここは勇気を出して、自分の才能を伸ばしていこう。

④積極的に実験をしよう。チャンスがあれば試してみたいと思っているアイデアは、誰にでもある

はずだ。そうしたアイデアこそ、いままさに直面している問題の解決法を生み出してくれる。だが、励ましやサポートがなければアイデアを試してみようとは思わないものだ。実験はリスクをともなう賭けであり、周囲の賛同がなければ実行できないと考えられている。それなら、あなたが応援者になればいい。目の前に改善のチャンスが山ほど転がっているということに、きっと驚くはずだ。

⑤新たな解決策を見つけるための入り口として、喪失や挫折、不利な立場を受け入れよう。スティーブ・ジョブズとスティーブ・ウォズニアックが彼らの一号機となるアップル・コンピューターを作ったのは、当時コンピューターの〝正式〟な作り方だった自作キットを買うだけの資金がふたりになかったからである。ヤマハは、「グランドピアノの音質と感触を見事に再現した電子楽器」というアイデアを思いつくことで、停滞していたピアノ市場をチャンスへと変えた。ルイジアナ・パシフィック・コーポレーションは、競合他社に押されて建築用の木材を確保できずにいたが、この木材不足を逆手に取り、石膏や再生紙を材料とした外壁や基板の製造業者へと事業をシフトしている。

⑥長らく課題であったことへの新しいアプローチ方法を見つけるために、ブレインストーミングの機会を設けよう。その問題とあまりに長くつき合ってきたために、無意識のうちに解決の望みは

ないとあきらめてしまっているかもしれない。唯一無二の解決方法ではなく、考えつく限りの方法（斬新なほどよい）を探すことで、この問題を解決しよう。

「存在するということは変化することであり、変化するということは経験を積むことであり、経験を積むということは無限に自己を創造していくことである」

アンリ・ベルクソン（フランスの哲学者）

⑦この曖昧で無秩序な時期を早く抜け出してすべてを終わりにしたいというのは自然な衝動だが、そういう感情は抑えよう。ニュートラルゾーンでは、みんなで集まって「力を合わせる」ことは良い考えのように思える。だが、無意識のうちに異なる意見や考え方を締め出そうとしていないか、注意しなければならない。チームを一つにまとめたいがために新しいアイデアを排除することがないよう、あえて異論を唱える、あるいは安易な同意に対してみんなの前で批判するといった姿勢を取ることも必要かもしれない。

「二つの悪役から選ぶなら、私は演じたことのない役のほうを選ぶ」

メイ・ウエスト（アメリカの俳優）

どんな状況にせよ、自分自身にこう尋ねてみよう。「古いやり方から新しいやり方へのこの移行期を、過ごしやすく、そして組織や個々のメンバーにとって有意義なものにするために、自分に何ができるだろうか？」「この我慢の時期を乗り越え、トランジションが始まる以前よりも成長するためには、どうすればいいだろうか？」。以下の例は、その質問の答えの一つとなるだろう。

- ある技術から別の技術へと転換を図るとき、その変化を単なる技術力の向上に終わらせないために、ニュートラルゾーンの期間を利用してワークフローの見直しを行う。
- 別の企業に買収されることが決まったら、チームの今後の目標を明確にしてチームの機能を高めることで、状況が落ち着いたらすぐに力が発揮できるようにする。買収した側の企業も、今後の成功にはそうした努力が欠かせないと考えるだろう。
- 部署を再編するときには、問題解決の新たな方法を探るため、それまでの役割や手順に関係なく、誰もが自由に発言できるような意見交換の場を設ける。

> 「良いアイデアを得る秘訣は、たくさんのアイデアを得ることである。そして悪いアイデアを捨て去ることである」
> ライナス・ポーリング（アメリカの化学者）

ここまで語ってきたことを一言にまとめるなら、挫折や失敗を成長へのチャンスと考えよう、ということだ。こんなスローガンを掲げてもよいだろう。「注文が減ったときこそ、工場をきれいにしよう」。だが、ニュートラルゾーンの期間に何をするにせよ、全員の賛同を得ることにこだわりすぎないようにしよう。賛同は結果がともなってこそ意味を持つ。行動して結果を出すことのほうが、何もせずに賛同だけ得るよりはるかに良い。

「みんなが同じように考えているときは、誰も深く考えていない」
ウォルター・リップマン（アメリカのジャーナリスト）

努力を成功に導く秘訣は、ニュートラルゾーンを斬新な方法を試すチャンスととらえ、意欲と勇気を持って目標に向かっていくことである。

ニュートラルゾーンに秘められた革新のチャンスを活かすように周囲を促すためには、それぞれが自分のなかに起業家精神を養う必要がある。変化に対する不安を〝解毒〟するには、起業家の視点を持つことである。ニュートラルゾーンの創造性をうまく活用できるかどうかは、起業家的な日和見主義の考え方、つまり「あえてリスクを選択できるかどうか」にかかっている。こうした起業家的な傾向は、自ら頭を働かせて思いついたアイデアで失敗を重ねることで身につくものである。そこに至るまでの努力を評価することなく、ただ失敗を咎めるような組織では、誰も努力しようとは思わないだろう。「優秀さ」や「欠点のなさ」を評価するからといって、賢明な失敗を罰する理由にはならないと肝に銘じておくべきである。

「許可を得ることを考えるより、許しを乞うほうが簡単である」

イエズス会の教え

組織のなかのどんなプロジェクトにも、どんな作業にも、改善の余地がないものなどない。経済活動を行う組織では、継続的な成長を目指すことは基本中の基本である。しかし、生産性を向上させる努力は、往々にして、社員の再教育や、チームに発破をかけるだけに終わってしまっている。もっと良い方法は、ニュートラルゾーンの持つ創造性を活かして、何をやるのか、どうやるのかを見つめ直すことである。そうすれば、この困難な時期を力強く乗り越えられるだけでなく、新しい環境にもうまく対応できるはずだ。ニュートラルゾーンの創造性は、トランジションを停滞の時期から躍進の時期へと変える鍵なのである。

ニュートラルゾーンの終焉

ここまでに示してきたことは、組織や個人の人生におけるさまざまな実例によって有効性が証明されている。ニュートラルゾーンという荒野を、表面的には何事もなく通り抜けているように見えても、内面では重大な変革が起こっている。そうでなければ、変化は期待するような結果をもたらさないだろう。そうした変革は、私たちが自らの内面を再形成して分類するなかで、もはや意味をなさなくなった古い習慣を捨て、現状に見合った新しい考え方や行動基盤を築くという形で表れる。

「起業家とは、変化を当然のこと、健全なこととして見る人間である。たいてい、彼らは自ら変化を起こすことはない。しかし――これこそが起業家や、起業家精神を定義づけるものなのだが――起業家は常に変化を求め、変化に順応し、変化をチャンスとして利用する」

ピーター・ドラッカー（経営学者、マネジメントの発明者）

ロジャー・ゴールドは、著書『Muddling Through』のなかで、こうしたニュートラルゾーンにおける自己の再形成や分類の寓話ともいうべきエピソードを語っている［3］。第二次世界大戦中、フランス軍のある部隊が、サハラ砂漠で孤立してしまった。物資が尽きようとしていたが、補給は難しかった。特に衣料品が不足していた。赤十字からの配給品をどうにか受け取ることができたが、衣類にはサイズのタグがついていないので（あるいは、ついていても読み取れないので）、各自に合うサイズの服をどうやって支給すればよいか、頭を悩ませることになった。

この部隊の指揮官は、ニュートラルゾーンの戦略に長けた人物だったようだ。彼は隊員を一列に並べると、サイズや上下揃いであるかどうかは考えずに、それぞれにシャツ一枚、ズボン一着、靴二足を支給していった。そして、こう叫んだのだ。「自分たちでなんとかしろ！」。すると隊員たちは、一斉にばたばたと歩き回り、自分にぴったりのサイズのものが見つかるまで、服や靴を交換し合ったのである。こうして、解決不可能だと思われた問題は見事に解決した――左足の靴だけを二足分受け取るはめになった、一人の隊員を別にして。

「古い言葉が舌の上で死に絶えるとき、新しい旋律が心からわき起こる。古い路が途切れるとき、新しい国が奇跡とともに姿を現す」

ラビンドラナート・タゴール（インドの哲学者）

このエピソードは、危険から守り、励まし、方針とチャンスを与えさえすれば、人々はニュートラルゾーンの課題の多くを自分で解決できるということを物語っている。「自分たちでなんとかしろ！」。この言葉を、ニュートラルゾーンの合言葉にしようではないか。

【ニュートラルゾーンのマネジメント・チェックリスト】

□「ニュートラルゾーンは居心地の良い場所ではないが、（そのことを理解すれば）利用できるものだ」と周囲に説明し、ニュートラルゾーンを最大限に〝正常化〟したか？

□ニュートラルゾーンを象徴する比喩を考え、ニュートラルゾーンを再定義したか？
□比喩を考えるだけでなく、訓練プログラムの提供や方針の変更、ニュートラルゾーンから逃げ出さなかったことへの見返りなどについても定めたか？
□不必要な変化から、メンバーたちを守れているか？
□変化を避けられないとき、それを一つにまとめて受けとめやすくしているか？
□ニュートラルゾーンを乗り越えるための、臨時の方針や手順を定めたか？
□ニュートラルゾーンを乗り越えるための、臨時の役割、上下関係、チームを構築したか？
□短期的な目標やチェックポイントは提示したか？
□現実的な目標を定めたか？
□ニュートラルゾーンに対処していくための特別な訓練プログラムを設定したか？
□「自分は組織の一員であり、価値が認められている」とそれぞれが実感できるような手段を考えたか？　組織の結束を乱すような特典や特権は排除したか？
□ニュートラルゾーンにいる間、下からの適切なフィードバックが得られるような「トランジション・モニタリング・チーム（ＴＭＴ）」を設置したか？
□実験してみようという積極性や、自ら頭を働かせて思いついたアイデアに挑戦しようという意欲は生まれているか？　失敗を咎める風潮はないか？
□組織のなかで物事をどのように行ってきたか、あなた自身が一歩下がって考えているか？（これ

は自分のためでもあり、模範となって周囲の努力を促すためでもある）

□周囲にも、一歩下がって考えるチャンスを与えているか？　そのための手段（意見のまとめ役や調査の機会など）を提供しているか？

□一歩下がって考えることを独創性や革新性を深めるための機会だと認識できているか？

□実験を後押しし、たとえ成功しなくとも、賢明な努力が批判されない体制を整えられたか？

□自分たちの組織に生じた喪失を、新しいやり方を試すチャンスに変えられたか？

□過去の問題（当時は我慢するしかないと思われていた問題）についてブレインストーミングの機会を持ち、新たなアイデアを思いつくことができたか？　こうした試みを周囲にも促しているか？

□結論を押しつけ、結末を早めようとせず、不安や課題はあっても、創造力を発揮できるような配慮をしているか？

□ニュートラルゾーンの時間を、組織が一致団結する機会として利用できているか？

最後の質問

組織が直面しているこのニュートラルゾーンをうまく乗り越えるために、あなたに何ができるだろうか？　トランジションマネジメントの一環として、いますぐ着手できることはないだろうか？

第5章　「新たな始まり」を始める

「この世でただ一つの喜びは、始めることである」
チェーザレ・パヴェーゼ（イタリアの作家）

「この世界は、新しい体験を何よりも恐れている。新しい体験は、古い体験の多くを打ち消してしまうからだ。この世界は、新しいアイデアを恐れてはいない。アイデアというものは、頭の片隅にしまい込むことができる。だが、新しい体験にはそれができない」

D・H・ロレンス（イギリスの小説家）

「始まり」とは、心理的な現象である。新たなエネルギーを新たな方向へと放つことであり、新しいアイデンティティの表現である。それはまた、私たちが「スタート」と呼んでいるような、実質的あるいは状況的な「環境の変化」をはるかに超えたものである。変わるのが状況だけなら、物事はすばやく変化するが、状況だけが問題ではない。

- 古いコンピューターが撤去され、新しいコンピューターが設置される。すると、古い機械が姿を消したという状況は即座に受け入れられるが、新しい機械になじむまでには、しばらく時間がかかる。
- 予算が削減されると、その直後から、新たな財政的制約に沿って仕事が進められる。だが、仕事がスムーズに進むようになるまでには、かなりの時間がかかる――昔のように資金があれば仕事をうまくやりとげられるのに、という不満の声も止むことはない。
- 組織の再編成が発表され、それぞれの新しい役割や、新しい上司、新しい同僚が通知される。状況の変化という視点から見れば、再編成の初日が「新しいスタートの日」ということになる。だが、数週間が経過しても、かつてのチーム意識が消えることはない。誰もが以前の同僚と休憩時間を過ごし、以前の上司にアドバイスを求めようとする。

これらのケースにおいて、人々はまだ「新たな始まり」を体験していない。彼らは何か新しいことをスタートしただけの状態なのだ。もちろん、そこでは何らかの状況の変化が起こり、誰もが新しい状況に立ち向かおうとはしているが、実際はまだ「ニュートラルゾーン」のさなかにあって、喪失や混乱や不安を感じている。「始まり」は、困難を乗り越え、新しいやり方や新しい自分に対し、精神的に向き合う準備ができたときに初めて起こる。「スタート」とは、新たな状況を受け入れることである。一方、「始まり」は、新たな解釈や価値、態度、そして何よりも、新たなアイデンティティを受け入れることなのである。

「始まりは、いつも混乱している」

ジョン・ゴールズワージー（イギリスの小説家）

スタートは計画的に行うことができ、またそうすべきである。だが「始まり」は、植物のように育むべきものである。スタートは決断の結果として、予定通りに起こる。それは、「三月二五日、二四の支部を六つの支社に統合する」といった告知によって起こすことができる。一方、「始まり」は、私たちが「トランジション」と呼ぶ成長の過程における最終段階であり、実施計画書に書かれた日程通りに起こすことなどできない。「始まり」は、私たちの心に従って起こるものなのだ。

変化のマネジメント計画を立てれば、スタートの詳細も自ずと決まるだろう。だが、それで「始まり」に備えたつもりだというのなら、それは「始まり」が、新しいことをスタートするのと同時に起こるものだと思い込んでいるだけだ。組織で上の立場にいる人間も、同じような思い込みをしがちである。「新しいコンピューター（あるいは自己管理型チームなど）を導入する期間は二週間もあったのに、きみたちはいまだにうまく使いこなせていないじゃないか。いったい何が問題なのかね？」

「始まり」は、こうして波乱に満ちたスタートを切ることになるのだ。

「始まり」を始めることへの迷い

「始まり」は不思議なものだ。私たちは「始まり」に期待しながら、同時に恐れを抱いてもいる。ニュートラルゾーンの果てしない、そして無意味にも思える旅路をさまよった人々は、それがどこであれ、目指す約束の地にたどり着いたことを心から喜ぶだろう。だが、「始まり」に恐怖も感じている。新たな責任を負わなければならないからだ。「始まり」はある意味、新しい状況に応じて「新しい自分」になることを求めるものだ。人が「新たな始まり」にあこがれながらも抵抗感を覚えるのには理由がある。

①「始まり」は、「終わり」を引き起こす原因となった過去の不安を蘇らせることがある。「始まり」によって、「終わり」は決定的なものとなる。例えば、新しい人間関係を始めたあとで過去の人間関係を振り返ると、そこで初めて関係が終わったことに「一〇〇パーセント確信が持てる」ようになる。実際に新しいことを始めるまでは、何かをやめるという決断にはどこか不確かさが残っているものだ。「新たな始まり」が「終わり」を〝承認〟するのである（こうした「終わり」は、一方で高揚感も与えてくれる。過去ときっぱり別れ、ゼロから始められるチャンスでもあるからだ）。

②新しいやり方というものは一種の賭けでもある。つねに、うまくいかない恐れがある。新しいことを始めようという考え自体、無謀なのかもしれない。あるいは、それを誰かの力やグループの力でやりとげられると思うのが、非現実的なのかもしれない。誰かの（最悪の場合、自分自身の）努力がまったくの無駄に終わるかもしれないのだ。

③「新たな始まり」のリスクを考えると、過去が呼び覚まされるかもしれない。個人としては、自尊心を傷つけられた過去の失敗を思い出すかもしれない。組織としては、失敗によって批判を浴びた歴史や、「新たな始まり」が悲惨な結果に終わった過去の出来事が蘇ってくるかもしれない。

④「新たな始まり」は、ニュートラルゾーンで味わった居心地の良さを壊してしまうということに気づき始める人もいるだろう。ほとんどの人は、ニュートラルゾーンの不安定さを嫌うが、なかには状況が曖昧なほうが楽しいと感じる者や、仕事のスピードが落ちたことを心地よいと感じる者もいる。あるいは、ニュートラルゾーンの混乱によって、目の前の仕事に対する関心のなさが覆い隠され、道筋がはっきりしないことがやる気のなさの言い訳になっているかもしれない。そんな人たちにとって、「新たな始まり」は、説明責任もプレッシャーもない楽しい休日の終わりを告げるものなのだ。

「新たな始まり」のタイミング

生物の成長過程と同じく、「始まり」も言葉や行動によって引き起こされるものではない。花や果実が、誰かの意思ではなく自然のタイミングで姿を現すように、「始まり」も、トランジションのプロセスのなかで、しかるべきタイミングが来たときに起こる。だからこそ、トランジションのプロセスや自分たちがどの地点にいるのかを知ることが大切なのである。

相手の立場に立ち、相手の気持ちになって考えることが、トランジションを後押しする唯一の方法である。「終わり」や「ニュートラルゾーン」を正しく通過していなかったせいで、多くの「始まり」が無駄に終わることがある。

「人間性にとって最大の苦しみの一つは、新しい思想を受け入れる苦しみである」
ウォルター・バジョット（イギリスの政治学者）

「始まり」を望む通りに起こすことはできないが、「始まり」を促し、応援し、確かなものにすることはできる。鍵を回したり、スイッチを入れたりするように簡単にはいかないが、土壌を耕し、栄養を補給することはできる。やるべきことは四つのＰに分類できるだろう――Purpose（目的を持つ）、Picture（イメージする）、Plan（計画を立てる）、Part（役割を定める）だ。

目的を持つ（Purpose）

求める結果の背後にある、基本的な目的を明確にしよう。新しいことをやろうとするなら、その理由を理解していなければならない。

イメージする（Picture）

結果のイメージや感触を想像しよう。イメージを心のなかで体験できなければ、本気で取り組むことはできない。

計画を立てる（Plan）

結果に向かって一歩ずつ進んでいくためには、段階的な計画を立てる必要がある。行くべき場所にどうすればたどり着けるのか、明確な方針がなければならない。

「人々はどこかへ向かっている。彼らを導くためには、その行き先を知らなければならない」

アレクサンドル・ルドリュ＝ロラン（フランスの政治家）

役割を定める（Part）

組織のメンバー一人一人に、計画段階と結果の両方において、演じるべき役割を与えよう。彼らは組織に貢献し、あるいは協力できる具体的な方法を求めている。

「新たな始まり」を始めるためには、この四つのPを欠かすことはできない。ある人にとっては、このPのうちの一つ（あるいは二つ）だけが重要に思えるかもしれない。あなた自身、将来への道を切り開いていくなかで、一つのPにこだわり、ほかのPを軽視、あるいは無視してしまうかもしれない。その結果、他者とコミュニケーションを取るとき、自分の優先順位を押しつけようとするかもしれない。誰もが自分と同じ方法で、「始まり」にアプローチすると思い込んでしまうかもしれない。だが、そうとは限らない。物事の考え方は人によって異なる。他者は〝不完全な自分〟ではない。誰かの「新たな始まり」を応援しようとするなら、四つのPのすべてに気を配ることが大切である。

「自分がしてもらいたいと思うような行為を人にもせよ」

黄金律（改変）

目的を明確にし、伝える

どんな考えに基づいて、あなたは行動しているだろうか？　モーセの荒野の旅を支えていたのは、第二の故郷であるエジプトで迫害を受けてきた民が、自分たちの土地を持てるようになるという神からの約束だった。この約束は、誰もが理解できるものだった。またそれは、誰もが立ち向かってきた問題への解決策であり、「自分たちはなぜこんなことをしているのか？」という問いに対する答えでもあった。つまり、この旅の明確な目的を示すものだったのである。

「『前へ』と叫ぶときは、必ず進むべき方角を示すこと。方角を示さず、ただ『前へ』と言うだけでは、坊主と革命家は正反対の方向に進んでしまうことがわからないのかね？」

アントン・チェーホフ（ロシアの作家）

「新たな始まり」の背後にある目的を組織のメンバーにはっきりと伝える必要がある。しかし、彼らが組織の置かれた状況や何が問題なのかということを知っていなければ、目的を理解できないだろう。問題に対する解決策を伝える前に、まず「何が問題なのか」を伝えることが大切だ。それが「終わり」の段階で実行できていないのなら（本来はそうすべきである）、いますぐ次の質問の答えを考えるべきだろう。

- 何が問題なのか？　なぜこの変化に対応しなければならないのか？
- 誰の意見なのか？　根拠はあるのか？
- その問題の解決に取り組まなければ、何が起こるのか？　その場合、自分たちにどんな影響があるのか？

変化の背後には、何らかの目的がある。しかし、時には目的を周囲の関心や理解に合わせる必要もあるだろう。「株主価値を高める」という目的も、それが会社の安定や自分たちの給料、職場環境にも影響を及ぼすことを社員自身が理解していなければ、その目的は彼らにとって意味をなさない。品質改良や顧客満足、収益力の強化といった重要な課題についても同じことが言える。「始まり」にとっての最大の障害は、行おうとしている変化に、明確な目的が感じられないことだ。こうした目的の欠如にはさまざまな理由があり、それぞれ対処法が異なる。

「偉人は目的を持つ。そうでない者は、ただ願望を持つのみだ」
ワシントン・アーヴィング（アメリカの作家）

それが自分にとって何らかの意味を持つと理解できていないため、目的を認識することができない

この問題は、目的がきちんと説明されていないか、その説明が理解しづらいものであった場合に起こる。どちらにしても、さらに説明を加える、あるいは求めていく必要があるだろう（その際、疑問を呈しているわけではなく、誰もが目的を理解できるよう追加の情報を求めているだけだとはっきりと伝えることだ）。そもそも、目的が十分に吟味されていなかったために効果的な説明ができなかったということもあるだろう。この場合もやはり、さらに詳しい説明を求める必要がある。だが、リーダー自身が目的を理解できていないことに気づく場合もあり、そうなると問題は複雑になってしまう。

そもそも説明がまったくなされていないために目的を認識することができない

この問題が生じる理由には、大きく分けて三つある。

①そもそも目的が存在していなかった、あるいは、目的があったとしてもよく吟味されたものではなかった。変化は、単なる思いつきで始められたのかもしれない。強いリーダーシップを誇示するためだったのかもしれない。隣の会社が行っているのを見て、右へならえで実行したのかもしれない。ひょっとしたら、会議室でくじ引きをして決まったことなのかもしれない。変化の背後に納得のいく目的が認められない場合、ニュートラルゾーンから抜け出すのは至難の業だ。ここは落ち着いて、どうすれば時間を無駄にすることなく、意思決定のプロセスを正しい方向に戻せるのかを考えるべきだろう。

「『会社の方針』というのは、その活動にもっともな理由がないという意味だ」
ハーバート・V・プロクナウ（アメリカの作家）

②目的になりそうなアイデアはあるが、リーダーがそれを語ろうとしない。自分以外の人間がそれを知る必要はない、あるいは、いま知らなくてもよいと考えているのかもしれない。だがこうした考え方のリーダーは、遅かれ早かれ、部下の信頼を失うことになる。そうなるなら、いっそ早いほうがいいかもしれない。深刻な問題が起こってからでは遅い。どちらにしても、上司に意見しても効果がなかった場合は、次の項目を参考にしてほしい。

③目的はある。少なくとも、これがそうだろうと思われるものは存在する。だが、それを正々堂々と公表できないため、〝表向きの理由〟が目的を覆い隠している。こうしたことは誤魔化しと取られかねず、これまでに築いてきた信頼関係が崩壊するかもしれない。リーダーを信用できなくなり、忠誠心は消え、反感が募り、優秀な人材は去り、去る勇気がなくて残った者は、この裏切りの代償を会社にどう支払わせるか、そればかりを考えるようになる。だがいくら頑張ってみたところで、代償など手に入らない。では、どうすればいいのだろうか？　残念ながら、できることはあまりない。だが組織の上層部に、「真実を告げるのは、それほど恐ろしいことではない」と伝えることはできるかもしれない。何もかも台無しにすることなく、真実を伝える方法を提案することもできるかもしれない。それがうまくいかなかったときには、この問題から距離を置くことを考えてもよいだろう。

あなた自身、使い古された言い訳（「上司の命令だから」「やらなければクビになる」など）を頼みにしているかもしれない。それだけの理由で存続できる組織はごくわずかだが、そうした感情は、すばやく行動を起こさせるための強力な動機になることもある。

ひょっとしたら、状況は想像しているほど絶望的ではないかもしれない。例えば、あなたが組織の意思決定にかかわる立場にいるなら、行動を支える目的を決定し、定義づけるのに、少なからず貢献できるかもしれない。次のことを、心に留めておいてほしい。

目的はもっともらしい言い訳ではなく、現実的なものでなければならない

過酷な人員整理をともなう予算削減の目的を「業務効率化の一環」などと説明すると、社員の忠誠心ややる気を総動員しなければならないときに、不信感や懐疑心を植えつけることになってしまうだろう（最近私たちがコンサルティングを担当した企業も同じ過ちを犯している）。

目的は組織が直面している現実、あるいは組織の本質や性質を反映したものでなければならない

最近では、目的意識をアピールすることが流行しているようだ。

- われわれは、最高を目指している。
- われわれは、最先端の企業を目指している。

・われわれは、業界ナンバーワンを目指している。
・われわれは、低コストの生産者（あるいは、付加価値の高い先駆者）を目指している。

こうした言葉は、決まり文句のようなものだ。意義のある言葉だが、それを口にする人間には、たいていそこまでの強い意志はない。もし強い意志があるなら、それをよくある言い回しなどではなく、具体的な言葉にするはずだ。サウスウエスト航空は「顧客サービスが鍵だ」と言い、フォードは「品質が鍵だ」と言ったが、どんな組織でも、リーダーが心から信じていることを言葉にしたのなら、誰もが耳を貸すだろう。だが、謳い文句のような目的を繰り返し唱えても、周囲からはおざなりな反応しか返ってこないだろう。

「新たな始まり」への一歩を踏み出すための目的は、組織の内面（意志や能力、資質、性質）から派生したものであるべきだ。より具体的に言うなら、目的は組織固有の性質と、組織を取り巻く状況が互いに影響し合うなかで生まれたものであるべきだ。そうした相互作用こそが、変化を続けるこの世界にチャンスをもたらす。誰かの真似事のような目的や、現状を覆い隠すための目的など、何の役にも立たない。

「何もかも違って見えるからといって、何かが変わったとは限らない」

アイリーン・ピーター（アメリカの作家）

明確で適切な目的がなければ、「新たな始まり」を成功に導くことはできない。目的がなければ、問題を解決できないまま何度も変化を繰り返し、人々は消耗しきってしまう。「始まり」がなければ、トランジションも完了しない。そしてトランジションがなければ、どんな変化も起こせない。

目的が定まったら、イメージする

目的は「始まり」に不可欠なものだが、それはむしろ概念的なものだ。目的とは一種のアイデアであり、アイデアだけで事業に乗り出す者はごくわずかだ［1］。目に見える何か、少なくとも、頭のなかで形にできる何かが必要である。つまり、その事業が招く結果や、事業に乗り出すという感覚がイメージできるものでなければならない。

「誰かがが石を見つめて大聖堂を思い描いた瞬間、その石はただの石ではなくなる」
アントワーヌ・ド・サン＝テグジュペリ（フランスの小説家）

こうしたイメージは、私たちのなかに現実に存在し、古いイメージ（物事がどのように、そしてなぜ存在しているのかという心のなかのイメージ）の崩壊は、トランジションの「終わり」の段階で味わう喪失の一つである。ニュートラルゾーンで苦痛を感じるのも、ニュートラルゾーンにいるときははっきりとしたイメージを抱きにくいからである（ニュートラルゾーンに対処するということは、ある意味、「想像上の荒野」を心のなかでイメージし、そのイメージによっていま自分が体験していることを理解し、受け入れるということなのだ）。組織が新しいイメージを持ち、集団としてのアイデンティティや努力の意義を新たに見いだせれば、みんなで力を合わせてニュートラルゾーンを乗り越えることができるだろう。

従って、あなたが次にやるべきはイメージすることである〔2〕。このプロセスには、神秘的なところも芸術的なところも一切ない。モーセは（彼は自分に人々を鼓舞する力があるとは思えず、ユダヤ人を率いるようにというエホバのお告げを断ろうとしたこともある）、このイメージをうまく利用している。彼は「約束の地」というアイデアを、「乳と蜜の流れる地」というイメージに変えた。目指す場所がどんな場所なのか理解できるように、イスラエルの人々の想像力に働きかけて、目的地のイメージを描き出したのである。

いま取り組んでいる変化は、どんな場所に導いてくれるのだろう？　そこでは仕事をどのように行い、どんな人間関係が築けるのだろう？　職場環境はどうなっているだろう？　そこでの日々はどんなものなのか？　新しいやり方に直面したとき、人々はどのような反応を示すだろうか？　新しい場所は、どんな感情を呼び起こすだろうか？　言い換えるなら、「違い」から人々は何を感じるだろうか？

新しいやり方をイメージするときは、視覚を活用するといいだろう。新しいオフィスのレイアウトや、新しく導入する自動包装ラインの映像、銀行の支店合併によって拡張されるスペースの見取り図などは、新しいやり方をイメージする手助けになるだろう。新しいやり方をすでに導入している組織に見学に行くのも、イメージするうえで役立つ方法の一つだ。新しい環境で生き生きと仕事をする人々の姿を目にし、彼らと話をすることで、新しいやり方を視覚化することができ、不安もなくなるはずだ。

注意すべき二つのこと

新しいやり方を視覚化しようとするとき、気をつけなければならないことがある。一つは、イメージの効果に対して、早まった期待を抱かないようにすることだ。「早まった」というのは、「終わり」を乗り越え、過去を完全に手放す前に、という意味だ。変化が起きた直後にイメージを示すことには特に問題はない（むしろ得るものが多い）。そうすることで、未来のイメージを頭のなかに定着させ、安心感を与えることもできる。だからといって、それだけでトランジションが起こるわけではない。イスラエルの民がエジプトを出て荒野の旅へと向かったのは、約束の地のイメージがあったからだけでなく、モーセに「トランジションの指導者」としての能力があったからである。

「希望というものは、案内役としてはほとんど役に立たないが、旅路をともにするには最高の仲間である」

チャールズ・モンタギュー（ハリファックス伯爵、イギリスの政治家）

イメージがあればトランジションを起こすことができるという誤った期待は、誤解がもとになっている。変化を計画する当事者（リーダー）たちが、思い違いをしていることはよくある。彼らはその計画を実行に移す前に、いち早くトランジションを経験し、その解決策を模索し、問題と格闘している場合が多い。変化を起こすと周囲に告げる頃には、彼らは「終わり」も「ニュートラルゾーン」もはるか昔に通過して、「新たな始まり」を迎える準備ができている。しかし、そのとき中間管理職はようやく「ニュートラルゾーン」を迎えたばかりで、ほとんどの社員が「終わり」すら経験していないということを忘れているのである。

こうした状態は「マラソン効果」と呼ばれることもある。大規模のマラソン大会などで起こる現象と類似しているからだ。マラソンでは、まず先頭グループが勢いよく飛び出し、続く第二グループが（少し遅いペースで）走り始め、そして中間グループが（かなり遅いペースで）続く。先頭グループがコースに出て走っている頃、趣味のランナーたち（完走することだけを目標にしているような人たち）ははるか後方にいて、スタートの号砲の音すら聞いていない。そこに「競技は始まったらしい」という噂が流れ始める。趣味ランナーたちはようやく足を動かし始めるが、走り出してはいない。やがて足をひきずるようにして、小さな一歩を踏み出す。

趣味ランナーがようやくジョギング程度までスピードアップした頃には、先頭のランナーはゴール間近まで迫っている。そしてこう考える。「よし、もうすぐゴールだ。いいレースだったな。さて、来週末は何をしようか？」。これが会社のトップにいる人間の考え方だ。組織に問題を提起するはるか以前に、彼らはトランジションを経験している。彼らは、あとに続く者たちはこれから問題に取り組むということに気づいていない。

注意すべき二つめのポイントは、イメージを押しつけないようにすることだ。周囲が納得できないイメージを押しつけようとしても、みんなやる気を出すどころか、尻込みしてしまうだろう。私のクライアントの例を紹介しよう。その会社では、最先端の自動配送センターの導入にあたって、センターの紹介映像を社員たちに見せた。映像はハリウッドの一流スタジオが制作し、背後には感動的な映画でも使われた壮大な音楽が流れていた。社員たちは、商品がロボットの手で最新式の配送システムへ送り出されていく場面に目を見張った。コンピューターの画面に向かって働く人たちの姿も映っていたが、彼らが何をやっているのかまったく理解できなかった。結局、この映像を見た社員のほとんどが、あんな仕事は自分には無理だとか、そのうち自分の仕事はなくなってしまうかもしれないとか、そんなふうに考えるようになってしまった。

そして計画を立てる

イメージの力を過信している人もいる。イメージさえ頭にあれば、想像力を呼び覚まして目的地へたどり着けると考えているのだ。特に組織の上層部や、計画を立てる立場にいる人間は、こうした考えに陥りやすい。彼らは「ここからあそこへ」といった細かい道順についてはほとんど関心を示さず、計画の必要性も理解しようとしない。一方、物事を計画的に考えている人は、イメージに興味は示すものの、現実として気になるのは「月曜日には何をするか」といったことである。

計画といっても、何かを実行する時期や日時（例えば、新しいオートメーション機械の発注日や到着日、設置日、最初の製品出荷日など）を定めた実務的なものを指しているわけではない。そうした計画は変化のためのものであって、トランジションのためではない。ここで言う計画とは、トランジションに必要な情報を手に入れ、訓練やサポートを受けられるよう、手順や予定を大まかに示したものである。そこにはトランジションの各段階において意味を持つイベント（チーム解散の記念イベントや、トランジション・モニタリング・チームの結成、外部組織の見学、統括マネージャーとの質疑応答の機会、訓練プログラムの開始日など）の内容や日程も含まれる。こうした「トランジションマネジメント計画」は、「変化マネジメント計画」といくつかの点で異なっている。

一つは、トランジションマネジメント計画は、グループ全体というより、個人として変化に取り組むことを意識しているという点だ。それは、ホセや、ステラや、レイといった一人一人の人生が、どうやって、そしていつ変化するかを伝える、個人志向の計画である。二つめは、トランジションマネジメント計画が結果だけでなく、その過程にも焦点を当てているという点だ。各メンバーが変化に対応できるよう、何が行われようとしているのか、そこに重きが置かれている。計画によって、いつ必要な情報が手に入り、いつ訓練を受けられるのか、計画の内容について、どうやって、そしていつ意見を述べることができるのかがわかるだろう。

三つめの違いは、完成した計画からはほとんど識別できないが、計画を立てるプロセスに如実に表れている。変化マネジメント計画では、結果をスタート地点とし、そこから遡るようにして、結果の前提となる条件を段階的に設定していく。一方のトランジションマネジメント計画は、現在の地点からスタートする。過去を離れ、荒野の旅を乗り越え、そこで成長し、新しい考えや行動やアイデンティティを手に入れるという道のりを経て、一歩ずつ前へ進んでいく。トランジションマネジメント計画を立てるということは、第3章、第4章、第5章で語ってきたさまざまなアイデアのなかから、イベントや行動やプロジェクトを選択し、調整し、スケジュールを立てるということなのである。

最後に、役割を定める

計画はほとんどの人に対して大きな効力を発する。計画は必要な情報を与えてくれるだけでなく、現実にそこに存在しているものだからだ。『出エジプト記』に記されているように、ニュートラルゾーンの荒野で、モーセの民はさまざまなことをつぶやいている。こんなつぶやきもあったに違いない。「モーセにはちゃんとした計画があるのか？ その場の思いつきで行動しているんじゃないのか？」。計画の存在は、それだけで、「誰かが私たちの面倒を見て、私たちの思いを聞き、道に迷わないように見守ってくれている」というメッセージを周囲に伝えることができる。

しかし、どんなにすばらしい計画であっても、人々の疑念を取り除くことはできない。組織図に自分の名前が見当たらず、新しい方針を教えてくれる人もいなければ、何をすればいいのか指示してくれる人もいなかったとしたら。目的やイメージ、そして計画には欠けているものがある。それは「役割」である。それが与えられなければ、多くの人は取り残されたような気になり、「新たな始まり」を迎えることが困難になってしまう。

人々が必要としている役割には二つある。一つめは、新しい方針のなかで演じるべき役割、あるいは立場である。自分の名前を組織図のなかに見つけたとしても、その位置に誰もが納得するわけではない。だが、名前がどこにも見当たらないよりはましだ。自分の演じるべき役割を知らなければ、現実に対して希望と不安のバランスを保つこともできない。役割が理解できていなければ、憶測で行動し、その結果、現実からますます遠ざかってしまうかもしれない。

しかし、それはあくまで変化の結果において演じるべき役割である。トランジションのプロセスのなかで演じる役割も与えられるべきである。最も簡単な方法は、組織の各メンバーを、計画の策定や、現状の調査、問題解決といった特定の目的のために結成した特別チームや、トランジション・モニタリング・チーム（TMT）に配置することである。それができないのであれば、そうしたチームが必要かどうかの意見交換の場を設け、トランジションマネジメントのプロセスに自分も（間接的にではあるが）かかわっているという意識が持てるようにしよう。こうした役割分配は、古いシステムのなかで何かの役割を失ってしまったメンバーに対しては、特に重要な意味を持つ（第3章の「喪失を埋め合わせる」を参考にしてほしい）。

トランジションマネジメントのプロセスにおいて、各メンバーに何らかの役割を与えることは、五つの点で「新たな始まり」を促進させる。

①ニュートラルゾーンから抜け出した組織が直面している問題を新たな視点から見つめ、見直しを図ることができる。問題をきちんと把握していれば答えも見つかるだろう。

②問題を共有することで、結束が強くなり、団結して問題に立ち向かえるようになる。あなたとメンバーとの間の境界線を取り払い、敵ではなく味方同士になれる。変化によって彼らとの関係がぎくしゃくしているのなら、いまが関係を修正するチャンスだ。

③役割を与えることで、各メンバーが経験から得た知識を発揮できる。みんなで決めたことが一人で決めたことより優れているとは言い切れないが、みんなで考えることによって、最終的に決断を下す者がさまざまな知識を利用できるようになる。

④こうして集まった知識は、問題の本質を明らかにするだけではない。変化に影響を受けた人たちの本音も見えてくる。結果は、それが当事者にとって利益を生む（少なくとも利益を損なわない）場合に最も有効である。したがって、メンバーそれぞれの本音がわからなければ、その結果が技術面、あるいは経済的な面で満足のいくものだったとしても、人間関係にしこりを残すかもしれない。

⑤何らかの役割を担っている人間は、はっきりと口に出さなくても結果へのかかわりを認めていることになる。これこそが民主主義の考え方である。例えば、選挙に参加して一票を投じたとすれば、それは結果に従うという暗黙の意思を示したことになる。実際に組織のなかで選挙を行う機会はほとんどないだろうが、民主主義の精神を取り入れることはできるだろうし、組織にとっても有利に働くはずだ。最高の結果というものは、多くの場合、戦略が三割で、残りの七割は自らかかわろうとする意志で成り立っている。

「新たな始まり」を強化する

ここまで語ってきた戦略を使えば、苦しみや、創造性に満ちたニュートラルゾーンのカオスを抜け出し、新しい方向へと向かう意欲を取り戻すことができるはずだ。また、古いやり方を手放したときに手に入れた新しいアイデンティティをより強いものにすることもできる。絶えず襲い来る変化の波に押し流されて、以前のカオスの状態に戻らないように、「新たな始まり」を強化しなければならない［3］。

【ルール1】一貫性を保つ

「新たな始まり」を強化するポイントの一つは、メッセージに一貫性を保つことである。どんな方針や方策や優先順位も、何らかのメッセージを伝えるものだが、気を抜くとメッセージはたちまち矛盾したものになる。

- 役員たちはファーストクラスの飛行機で出張しているのに、経費削減を理由に事務用品を自腹で準備するよう社員に要求したとしたら、矛盾したメッセージを伝えていることになる。
- 「やることリスト」を減らすことなく、さらに五つの仕事を追加したなら、矛盾したメッセージを伝えていることになる（「少ないもので多くを生み出せ」というメッセージは、危険な方法を選べと言っているのと同じだ。それが「賢く働け」というメッセージなら、少ないもので多くのものを生み出すこともできるだろう）。

　矛盾したメッセージは、それ自体が混乱の種であるだけでなく、人々に「新たな始まり」に対する疑いの心を抱かせるかもしれない。

「人を動かすには模範を示すことが大切だ。というよりも、それが唯一の方法だ」

アルベルト・シュバイツァー（フランスの哲学者、医者）

「新たな始まり」を強化する二つめのポイントも、一貫性の問題だが、特に行動に一貫性を持つということである。「新たな始まり」が混乱のなかにあるとしても（そしてあなた自身、混乱していたとしても）、ニュートラルゾーンの外へメンバーを導くための切り札がある。それは、あなた自身の行動である。

第2章で示した例もこのことを物語っている。「行動は言葉をはるかにしのぐ影響力を持つ」ことを理解していなかったリーダーは、「新たな始まり」を危険にさらしてしまった。かつては別々の階層に分かれていた顧客サービス担当者たちを一つのチームにまとめるという考えに夢中になり、よく考えもせず、チームワークの大切さや集団による意思決定のメリットを周囲に説いて回った。しかし、直属の部下に対してはチームを築くようにと指示していたにもかかわらず、上司と部下という、一対一の関係を崩すことはなかった。

「新たな始まり」を強化する三つめのポイントも、やはり一貫性が関係している。古いやり方に対する報酬体系を見直さないまま新しいやり方で行動し、対処するよう指示を出すことは（不幸にも）よくあることだが、それでは「新たな始まり」は長続きしないだろう。

- チームワークの大切さを語りながら、個々の貢献に報酬を与える。
- 顧客第一を提唱しながら、規則遵守に報酬を与える。
- リスクを取ることを推奨しながら、ミスをしないことに報酬を与える。
- フィードバックを求めながら、批判的な意見には報酬を与えない。
- 起業家精神を支持しながら、自分の仕事に集中することに報酬を与える。
- 権力を分散すると言いながら、厳しく管理することに報酬を与える。

ここで言う報酬とは、経済的なものだけを指しているのではない。むしろ経済的な報酬に限らないほうが好都合かもしれない。この時点で、金銭的な報酬を与える余裕が組織にはないかもしれないからだ。しかし、どんなに大きな報酬であっても、そこから肝心なもの（上司からの注目、フィードバックや称賛の声、さらなる研鑽の場、キャリアアップの大きなチャンスなど）が得られない場合も多い。考えや行動を変えて良かったと人々が実感できることが大切である。もしそれが感じられないのであれば、報酬体系を見直すべきだろう。

【ルール2】短期間で成功を手に入れる

ニュートラルゾーンを通過するなかで、ほとんどの人は自信をなくしてしまう。ニュートラルゾーンでは生産性が低下し、能力を失ったような気分になるからだ。そして、ニュートラルゾーンが過去の人生で味わった苦痛を呼び覚ました場合には、深刻な自尊心の低下を引き起こす。従って、以前のような有効性を取り戻すには、短期間のうちに成功を体験する必要がある。

成功体験は、小さな課題（トランジションのなかで自尊心を失ってしまった人でも達成できるような簡単な課題）を乗り越えることで手に入れられる。そうした課題は勝利が確実な状況（失敗の可能性がほとんどない状況）で生まれる。以前から取り組んでいる課題で、成功のお膳立てができているものでもよい。

変化が大きく広範囲におよんでいるせいで、「新たな始まり」をなかなか実感できないようなら、こうした短期間での成功が効果を発揮する。変化が必要だと信じている者でさえ不安を覚え、疑い深い者は批判の声をあげ始めるかもしれない。そうした批判はあっという間に広がっていく。短期間での成功は、信じる者を力づけ、疑う者を説得し、批判を打ち負かしてくれるだろう。

【ルール３】新しいアイデンティティを象徴化する

人間というものは完全に論理的な生き物ではなく、つねに感情があふれている。物事を現実的にとらえるだけでなく、そこに何らかの象徴を見いだそうとする。だからこそ、些細なことが個人の人生に大きな影響を与え、組織は「新たな始まり」を迎えるのに苦労する。私たちがコンサルタントとしてかかわった合併の例をここで紹介しよう。

合併したばかりのある企業で、ロゴの色を青（規模が大きいほうの企業がロゴに使っていた色）

にするか、白（規模は小さいが業績はより良かった企業がロゴに使用していた色）にするかをめぐって、深刻な論争が巻き起こった。結局、組織の新しいアイデンティティを象徴する色として、金色を使うことに決まった。その結果、論争は収まったが、合併もうまくいかなくなってしまった。

こうしたシンボルが成功を左右すると言いたいわけではない。大切なのは、それが一つのメッセージを伝えていたということだ。それは、新しい組織の「始まり」において、新しいアイデンティティが生まれたことを強調するメッセージだ。トランジションという感情的になりがちな時期には、どんなに小さなことでも象徴的になる。つまり、すべてのことが何らかの意味を持つようになる。だからこそ物事がうまくいかなくなる。私たちは、すべてのものに意味を持たせようなどと考えていないのだから。一方で、物事を象徴的に見て、「新たな始まり」にもシンボルを持たせようとすることは、トランジションの促進にもつながるだろう。

【ルール４】成功をお祝いする

最後に、約束の地に到達したことをお祝いする時間を持とう。トランジションの幕開けとして「終わり」を印象づけたのと同じように、トランジションの締めくくりとして「始まり」を印象づける必要がある。問題がすべて片づいていないうちからお祝いをするのはまだ早いと思うかもしれない。しかし、ほとんどのメンバーがニュートラルゾーンの荒野から抜け出し、新しい目的や体制やアイデンティティを受け入れたと実感できるなら、それはトランジションの完了をお祝いする時期が来たということだ。金曜の夜に内輪のパーティーを開くといったものでもいい。全員でスポーツ観戦に行くといった特別なイベントを企画してもいいだろう。何をするにせよ、日々の仕事から離れ、楽しく過ごせるようなことを考えよう。

このお祝いで、もはや過去となったトランジションの記念品を配るのもいいだろう。第3章で紹介した、「過去の一部を記念にとっておく」というアイデアとよく似ている。「私は合併を生き延びた」などとプリントされたTシャツを配ってもいいし、トランジション・モニタリング・チームのメンバーへ感謝状を進呈するのもいいだろう。こうした記念品は、それがどんなものであれ、企業の歴史や個人のキャリアのなかで経験した困難を振り返り、そして締めくくるものなのである。

二〇一一年、テネシー大学はジョー・ディピエトロを学長に任命した。彼は職員たちと一緒になって働き、立場に関係なく広く意見を取り入れることで、親しみやすい、現場志向のリーダーとして、瞬く間に信頼を獲得した。

ディピエトロが学長に就任したとき、テネシー大学では、四つのキャンパスがそれぞれ独自に運営を行い、各キャンパスの総長がその運営をとりしきるといった、極端な分権化が進んでいた。こうした分権化は、大学全体や州にとってはプラスにならないと判断したディピエトロは、足並みの揃わない四つのキャンパスを一つにまとめる方法を模索し始める。彼の目的は、団結力を強め、非効率なシステムを撤廃することだった。

そこでディピエトロは、それぞれのキャンパスから人材を募り、強い意見や影響力を持つ人物や学生や上級役員も含めたメンバーで協議会を構成し、何を伝統として残し、未来に向かって何を手放すべきかを話し合ったのである。

各キャンパスの総長たちは、それまでの自治が失われることへの恐れと、新しい体制が権力を行使して運営に干渉してくるのではないかという疑念を抱き、激しく反発した。

しかし、ほどなく協議会のメンバーや職員たちは、キャンパス同士が相乗効果を発揮できることや互いに共通の目的があることに気づいた。この発見は、新しい体制を受け入れる道を探していた人々に喜びと熱狂をもって受け入れられた。こうして、新しい役割が次々と生まれ、自分の縄張りが奪われるわけではないということに気づいた彼らは、安心して仕事に取り組むことができた。

協議会のメンバーたちは、不安や不満も臆せず口にするようになった。どのメンバーも、周囲から認められていると感じ、自分の将来についても自信が持てるようになった。彼らがこうしたプロセスを踏んでいる間、学長であるディピエトロは、つねにそばにいて見守り続けた。彼は信頼され、その信頼は賛同を呼んだのだ。

いまでは、それぞれのキャンパスは自治を保ちながらも、大学全体の利益となるよう、州をあげての取り組みを支援している。こうしてトランジションを乗り越えたあとも、学長は委員会のメンバーたちを、ともにトランジションを戦った仲間（トランジションの勝利者）として扱った。そして彼らに、目標が想定通りに達成できているかを確認するため、進捗状況を確認し、意見を聞き、フィードバックを集める仕事を任せたのである。

結論

ここまでさまざまな戦略を見てきたが、その根底にあるのは、「物事は計画を実行に移したときにスタートするが、『新たな始まり』が始まるのはもっとあとになってからだ」という基本的な考え方であり、それを理解することは、どんな戦略より大切である。トランジションへの対応を誤ったり、その過程が見過ごされたりした場合には、「始まり」が起こることはない。そうなると、人々は「変化はうまくいかなかった」とか、「期待した結果にはほど遠い」といった言葉を口にするようになる。つまり、エジプトから民を連れ出したもののいまだに荒野をさまよっている状態に陥ってしまうだろう。

【「新たな始まり」のマネジメント・チェックリスト】

□新しいことを（予定通りに）スタートさせてから、（いつ始まるか予測がつかない）「始まり」が起こるまでの間に、自分の考えや周囲に期待することを明確にできたか？

□「始まり」の当初は人々が抵抗感を抱くかもしれないということを理解しているか？

□「終わり」や「ニュートラルゾーン」は完了しているか？　まだその時期が来ていないうちから、「新たな始まり」に進もうとしていないか？

□変化を起こすというアイデアの背後にある目的が周囲にきちんと伝わっているか？

□変化の結果を表すイメージを描き、それを効果的に周知する方法を見いだせているか？
□トランジションの三つの段階を乗り越えるための計画を立てているか？「トランジションマネジメント計画」と「変化マネジメント計画」を混同していないか？
□それぞれのメンバーは、変化の結果において、自分が演じるべき役割を把握できているか？あるいは結果は、いま彼らが担っている役割にどのような影響を与えるか？
□メンバーそれぞれに、トランジションのプロセスのなかで演じるべき役割が与えられているか？誰もが自分の役割を理解できているか？
□方針や方策や優先順位と「新たな始まり」の間に一貫性は保たれているか？混乱を招くような矛盾したメッセージを発信していないか？
□周囲に期待する姿勢や態度の模範が示せるよう、自分の行動の見直しができているか？
□あなたの期待に応えて、新しいアイデンティティを築こうと努力するメンバーに対して、（経済的、あるいは非経済的な）報酬を提示できているか？
□誰もが自尊心を取り戻し、トランジションは達成可能だと信じることができるよう、短期間で成功を手に入れるチャンスを提供できているか？
□「新たな始まり」とトランジションの完了をお祝いする準備は整っているか？
□「新たな始まり」において確立されつつある、（組織、あるいは個人の）新しいアイデンティティを象徴するシンボルを見いだせているか？

□ともにトランジションという困難を乗り越えたことを忘れないよう、メンバーに記念品を贈ったか？

最後の質問

「新たな始まり」を乗り越え、ここまで取り組んできた変化を成功に導くために、あなたはどんな行動を起こすべきだろうか？　トランジションマネジメントの一環として、いますぐ着手できることはないだろうか？〔4〕

第6章　トランジション、発展、再生

「人間だけでなく、製品、市場、あるいは社会にも、生まれ、成長し、年老い、そして死を迎えるというライフ・サイクルがある。どんなライフ・サイクルも、こうした特有の行動パターンに沿って進む。

組織がある段階から次の段階へと進むとき、それまでとは異なる役割や役割の組み合わせが重視されるようになるため、結果的に、それまでとは異なる組織の行動を生み出すことになる。（ライフ・サイクルの）モデルがあれば、組織がその成長過程で直面するであろう問題を予見することができる。さらに、そのモデルは組織がライフ・サイクルの各段階において、最も効果的な対処法を選択するうえでの基盤となる」　イチャック・アディゼス『Organizational Passages』〔1〕

組織や社会にライフ・サイクルがあるという考え方は、昔から存在していた。「ゼネラルモーターズはグーグルより〝古い〟企業である」と言うとき、それは設立時期だけを指しているのではない。ヨーロッパを「旧世界」、アメリカを「新世界」と呼ぶときにも、そこには単なる年代以上の意味が込められている。組織のライフ・サイクルには生物工学的な初期段階がある。それを「幼年期」と呼ぶことがある。あるいは、「組織や社会が〝思春期〟を過ぎた」などと表現することもある。ビジネスが〝成熟〟するとか、「そのビジネスは〝寿命〟が尽きた」などと言うとき、その言葉が何を意味するかは誰もが理解している。

組織にライフ・サイクルがあるという考え方は、トランジションの存在意義を理解するうえで非常に大きな手がかりを与えてくれる。トランジションの幕開けである「終わり」が精神的なショックをもたらすのは、それが特殊な状況を引き起こすからだが、それ以上に、組織の一生（ライフ）のなかで重要なステージが終わりを告げるからである。組織が「新たな始まり」に苦労するのは、新しい状況に対処しなければならないからだが、それ以上に、いままでに経験したことのないステージや、未知のアイデンティティに直面しなければならないからである。

「人生とは変化の過程であり、人間が通り抜けなければならない状態の連なりである。一つの状態だけを選んで、そこに留まろうとしてはいけない。それでは、死んでいるのと同じだ」

アナイス・ニン（アメリカの日記作家）

この視点からトランジションを考えることで、人間の成長理論（幼年期から思春期を経て成人期へと向かう過程）にも相当する、組織のライフ・サイクルの図式を思い描くことができる。こうしたサイクルがなければ、ティーンエイジャーの毎日は、幼年期の終わりの時期に予期せずして起こった個人的な問題の連続に終わってしまうだろう。「思春期」という言葉は、若者の人生に何が起こっているのかを理解する手がかりになる。同じように、組織のライフ・サイクルにおけるさまざまな段階を知ることは、組織開発（ＯＤ）の専門家や彼らに意見を求めるリーダーたちにとって、組織が抱える問題の原因や対処方法を理解するうえで役立つはずだ。

ＯＤの専門家は、こうしたライフ・サイクルを通じて組織が取るべき行動に焦点を当てている。開かれたコミュニケーションや、意思決定への自由な参画や、リーダーシップの育成はＯＤの典型的な目標であり、組織が発達過程で直面する課題なのだ。ＯＤの専門家は、組織（あるいは、プロジェクトチームや企業内の部署といった組織の一部）が多様化し、状況にうまく順応できるよう、人間的かつ柔軟なプロセスを重視しているのである。

組織の七つのステージ

「カオスがあるところにはすばらしい思想が生まれると強く信じています。私はカオスを贈り物だと思っているのです」

セプティマ・ポインセット・クラーク（アメリカの人権活動家）

組織のライフ・サイクル

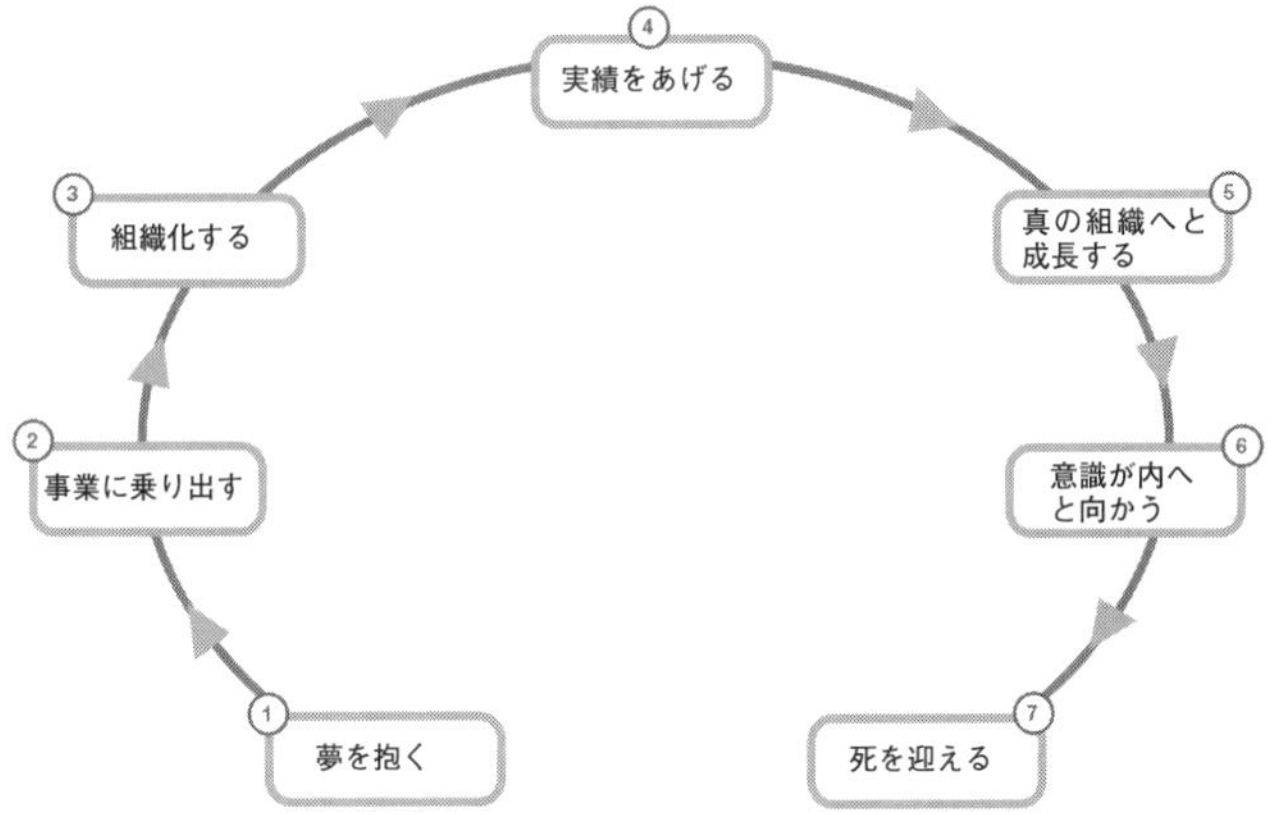

かのシェイクスピアは「人生には七つの段階がある」と言ったが、ここでは「組織の一生における七つのステージ」について紹介しよう[2]。

組織の各ステージを表現するのに、七つという区切りや呼び名にこだわる必要はない。六つでも、一二でも、好きなだけステージを設定し、それぞれにタイトルをつけ、それに見合ったチャートを考えてもよい。これから紹介する七つのステージは、私たちが二五年以上用いてきたもので、組織のトランジションをサポートするうえでとても役立っている。あなたの組織にも当てはめることができるかどうか、一度試してみてほしい。

「老いというものは、緩やかにやって来るわけでも急いでやって来るわけもない。むしろ、ぎくしゃくとした足取りでやって来るものだ」

ジーン・リース（イギリスの小説家）

①夢を抱く

ライフ・サイクルの第一ステージは概念化と立案を行う時期であり、この時点では、組織は創業者の頭のなかのアイデアに過ぎない。組織がやろうとしていることが夢に反映され、それを目に見える形にしようと人々が集まり、実現のために資金を投じる。ブレインストーミングや議論をするために、多くの時間をオフィスや自分の部屋で過ごすことになる。商品と呼べるものはまだないが、組織の萌芽はすでに見られる。夢は、その実現をあきらめるまで生き続ける。しかし、この第一ステージで成長し、「事業」という形で世に出ることができる夢はごくわずかだ。

②事業に乗り出す

この時期は、組織にとっては幼年期であり、子供時代である。事業がこの世に産み落とされ、人々がその組織の商品やサービスを買い始める。そうなれば、事業は成長する。それも急速に成長するのだ。次のステージへと移行する前に、多くの顧客を獲得できることもある。多少の儲けも得られるかもしれない。

ここで「事業」と呼んでいるのは、それがまだ達成できていないからではなく、このステージでは自分たちの勘と経験を頼りに、やりたいことをやりたい方法でやっているだけだからだ。きちんとしたシステム（雇用方針や賃金体系や仕事のやり方など）も定まっていない。この時点での組織は、「ホームページを共有している人間の集まり」のようなものだ。この組織のライフ・サイクルの第二段階で力を発揮した人は、物事に臨機応変に対応できる人材だということになる。そうした人々の多くは、あとになって、この第二ステージを懐かしく思い出すかもしれない。「あの頃は良かったよ。何でも自分たちでやって、やり方なんて誰も気にしなかったんだから」。名刺上の肩書はあったとしても、肩書自体はまださほど大きな意味を持っていない。さらなる飛躍のために必要な資金を集めつつも、自らの蓄えを頼りにしている状態である。

事業のなかには、実際に大きな飛躍を遂げるものもある（アップルは、この事業のステージを離れる前に、すでに年商一〇億ドルを達成していた）が、前進させるのに時間がかかるものもある。どちらにしても、ここではその場しのぎのやり方を続けるしかなく、このままではデータベースは崩壊し、サーバーはダウンし、商品の配達や品質が安定しないせいで、顧客は不満を募らせることになる。こうした問題から抜け出せなくなる前に組織化しなければならない。

③組織化する

混沌とした状況に秩序をもたらすには、一旦スピードを落とし、全員が同じやり方を共有しなければならない。そのため、このステージを後退だと考える人もいるだろう。そろそろ販売管理体制を整える時期かもしれない。組織を立ち上げた人間の原動力だけでは、結果を出し続けることが難しい時期に来ているのだ。一部の人間が必死に努力するというスタイルから、多くの人間が組織だって行動するスタイルへと変わっていかなければならない。

この時期になると、役割はより細分化し、限定されていく。財務管理体系が確立し、雇用方針が策定され、販促資料はより洗練されたものになる。これまでにいなかったタイプの人材（任せたい仕事の実務経験がある人材）の雇用も始まる。採用のプロセスも変化し、経験が重視されるようになる（その一方で、創立当初から籍を置いているメンバーたちは、事業が始まった頃には確かに感じていた刺激や意欲や愛着を失ってしまうかもしれない）。組織化は簡単ではなく、そのプロセスを滞りなく進めることのできる企業や団体は非常に少ない。しかし、ほとんどの組織が最終的にはこのステージを乗り切り、成長した組織が備えるべき要素（新しい構造や活動、体系、取り決め、習慣）を手に入れることができる。そうなれば、組織は次のステージへと進んでいく。

④実績をあげる

ここから組織は〝成人期〟に入る。市場で活躍するために必要な準備はすべて整っている。実績をあげることに成功すれば、組織はこのステージに留まったまま、長期にわたって拡大と複雑化を続けることもある。また、このステージは、これまでの努力の成果が業績の向上や人員の増加、生産ラインの拡大、特定の分野での評価の獲得といった形で現れ始める時期でもある。深刻な（時に手ごわい）競争に突入していたとしても、組織はすでに市場で優位な立場を確立している。安定した地盤と、継続的な市場拡大への足がかりも手にしている。組織のライフ・サイクルのなかでも特にこのステージは、成長が新たな課題を生み、課題が変化を引き起こし、変化がさらなる成長へと導くというように、さまざまなイベントが展開する時期でもある。そういったことをすべて経験したとしても、組織本来の性質が変わることはない。

このステージが終わりに向かうとしたら、それは組織のリーダーが、実績をあげることよりも、（過去の競争相手や著名な企業が有している）企業イメージという漠然としたものに魅力を感じるようになったときである。組織のメンバーたちも、より成熟した組織には、自分たちにはない何か（彼らをより特別で価値があり格調高くしている何か）があると感じ始める。こうした「何かが欠けている」という意識は、物質的な執着心となって表れることがある。「われわれのような価値ある組織には、企業イメージをアピールできる本社ビルや自家用ジェット、あるいはもっと〝革新的〟に見えるロゴが必要だ」というふうに〔3〕。

この物足りなさは、次のステージへと移動するタイミングを告げているわけではない。古いやり方が役に立たなくなったわけでも、利益を生み出さなくなったわけでもない。物足りなさは、物質的な問題というよりも、単にスタイルの問題なのだが、軽視できない問題である。物足りないという意識は、組織が特定の分野で成功を収めた人間の集まりであるだけでなく、影響力のある企業、あるいは真の組織として活動する時期が来たことを知らせているのだ。

⑤真の組織へと成長する

このステージへの移行は、表面的にはわかりづらいかもしれないが、重大な変化をともなう。組織の注目が「行動」から「あり方」へ、「組織があげる成果」から「組織が外部に与える影響」へと移っていく。組織の責務も、市場に乗り出して領土を確保することから、その市場を占領することへと変わっていく。組織のメンバーたちも、「自分たちのような組織」が取るべき手法や、「自分たちのような立場の組織」にふさわしい態度を意識するようになる。評価はもはや求めるものではなく、組織がすでに身につけた性質の一つになっている。いまの地位を手に入れるためにごく最近まで苦労していたことなど、誰もがすっかり忘れてしまっている。

やがて、このステージを長引かせることになる要因（目的地に到着し、この場所に安住しようという意識）が定着し始める。直前のステージと同様、このステージも長引く可能性がある。その間、発展が話題になることはほとんどない。このステージにおいて改革を試みたとしても、それが成功する組織は非常に少ない。「真の組織」がたどるお決まりのコースから外れる努力をしなければ、組織は内向的な姿勢を強めるようになり、社会との強い結びつきも失われていく。

「中年になってから若かりし頃の夢や希望を実現しようとすれば、自分を欺く結果になるに決まっている。人生における一〇年ごとの区切りは、それぞれ独自の幸せや希望や願望を持っているものだから」

ヴォルフガング・フォン・ゲーテ（ドイツの哲学者）

⑥意識が内へと向かう

　このステージでは、「真の組織」に成長した組織が陥りがちな自己満足の状態からまず抜け出すことができない。外部との競争が現在ほど熾烈でなかった時代には（現代でも、銀行業界など競争がさほど激しくない分野もあるが）、こうした内向き志向は、〝階級的〟な雰囲気を生み出すとして、むしろ好意的に受けとめられていた。医学や教育といった分野においては、組織がこのステージに到達したとき、職業文化が内向き志向を正当化していた。政府機関などの公的組織では、市場で成功を収める必要もないため、不活性な官僚主義傾向が強まることになる。これが、競争の激しい市場であれば（今日、競争が激しくない市場などないが）、組織の存続は危うくなる。従業員は顧客のことなどおかまいなしに、組織内部の問題に躍起になり、業務そのものが崩壊に向かっているときに、規則や立場のことで議論を続けているのだから。

　周囲の状況や弱体化のスピードは組織ごとに違っていても、このステージは、組織が社会との結びつきを失う時期である。巨額の資産や、市場での独占的な立場といった〝生命維持装置〟があれば、少しの間は生きながらえることもできるかもしれないが、当然の成りゆきとして、内向き志向が最終的に向かうのは……。

⑦死を迎える

　死という出来事が特定の状況や日付と紐づいている人間と違って、組織のライフ・サイクルの終焉には、死が目立たない形で訪れるという傾向がある。組織は買収されることもあれば部分的に売却されることもあり、組織がいつ消滅したのかを宣言することは、今日ますます難しくなっている。

このステージでは、倒産処理の手続きに入った企業が、まるで死にゆく星のように、すべてが闇に覆われる前にエネルギーを爆発させて、一瞬もとの輝きを取り戻すことがある。そうして束の間、町の片隅の小さな倉庫で、抜け殻のようになった従業員と営業を続けたとしても、遅かれ早かれ、かつて組織を組織たらしめていた活気やアイデンティティは、もはやどこにも存在しないことに気づくのだ。

組織のライフ・サイクルにおけるトランジションの意義

トランジションは、組織があるステージから別のステージへと移行するときに起こる、劇的な場面である。その役割は、一つのステージを締めくくり、「ニュートラルゾーン」の時期に人々に新しい方向性とアイデンティティを与え、次のステージが「始まり」を迎えられるよう、新しいやり方や生き方を促すことである。たった一つのトランジションでは、組織を完全に生まれ変わらせ、人々に新たな方向性を身につけさせることはできない。むしろいくつものトランジションが立て続けに起こり、その一つ一つが組織の発達を後押ししていくことになる。こうした複数のトランジションによる組織の変革には、長い年月を必要とするかもしれない。だがどれだけの時間がかかろうとも、それは組織の発達という文脈のなかでしか意味をなさない。もちろんトランジションには意味がなければならず、そうでなければ、誰もがトランジションに抵抗するようになり、組織にとって不可欠な成長が遠のくことになる［4］。

「存在し続けるためには、物事には変化が必要だ」
ジュゼッペ・ディ・ランペドゥーサ（イタリアの小説家）

「革新（イノベーション）」と呼ばれるものは、たいてい新たな夢という形で表れる。スクラップを鋼鉄へと加工しているミニ・ミル社も、そうした夢から始まった企業だ。既存の鉄鋼会社は、鉱石から金属を精製するために、費用のかかる複雑な工程に固執していた。ミニ・ミルは自分たちの夢を実現するため、既存の鉄鋼会社が行っていないことを行う必要があった。ラジオに真空管ではなくトランジスタを使うという夢も、これと同じだ。アメリカの大手エレクトロニクス企業は、真空管ラジオで成功を収めていたため、新しいテクノロジーを利用しようとはしなかった。その結果、この夢の実現は、日本の企業へとゆだねられた。それぞれの例を単なる「革新」として片づけてしまうと、そこで行われた挑戦を過小評価することになる。革新の成功者が実行しているのは、新しい組織を作ることであり、そのためには、組織のライフ・サイクルの第一ステージへと戻らなければならない。私たちが「革新」と呼んでいるのは、実際には新しい夢を持つことなのである。

組織の世界には、壮大な夢を抱くリーダーがひしめいている。だが、その夢を事業に変えるためには、リーダーたちはトランジションを経験しなければならない。だが、その心構えができているリーダーは少ない。夢がもたらす完璧すぎる理想や楽観的なビジョンを手放して事業へと乗り出すために、努力し、妥協する覚悟を決めなければならない。大きな不安を抱えたままトランジションに突入したリーダーのなかには、そこから抜け出せなくなる者もいる。彼らは夢に執着し、「終わり」を受け入れられない、あるいは受け入れるべきではない理由を見つけようとする。トランジションによって夢を事業へと変え、ライフ・サイクルの次のステージに進むためには、「終わり」を受け入れなければならない。

もちろん、誰もが夢から事業へのトランジションに苦労するわけではない。幸い、単に夢を抱くだけでなく、その夢にもとづいて組織を作り上げていくことに関心を持っている人もいる。そういう人たちは、アイデアそのものにはさほど魅力を感じていない。それよりも、マーケティング戦略や販売計画、さらに実際に顧客が手に取ることのできる商品に興味を持っている。彼らは会社を立ち上げる準備ができているのだ。

組織開発の法則

組織のライフ・サイクルの早い段階から、「組織開発の第一法則」は表面化している。その法則は、

「各ステージで重要な活動や取り決めに最も精通している人間は、次のステージで深刻な挫折を経験する可能性が高い」というもので、そうした人たちは、次のステージへ移ることを「戦略的な過ち」「無駄なこと」、あるいは「不必要」などと表現する。どんな言葉を使うにせよ、彼らが言いたいのは、「トランジションは、組織にとって最も価値の高いものを手放すよう強要している」ということだ。事業のステージにうまく対応し、順応している人間は、組織化という次のステージに移行する際にこうした思いを抱いているはずだ。どのステージにいるにせよ、トランジションに抵抗を感じている人間は、そのトランジションを引き起こす変化に対しても反感を抱くだろう。

「どんな果実も、熟す前はすっぱい」
プブリリウス・シルス（古代ローマの作家）

事業のステージにいる組織の典型的な例が、一九三〇年代後半のヒューレット・パッカードや、一九八〇年代初頭のアップル、一九九〇年代のアマゾン、二〇〇〇年代のフェイスブック、あるいは同時代に起業した数多くの企業だ。組織というものは、創立からしばらくの間は、創業者の思いに共感したわずかなメンバーが集まり、ガレージのようなわずかなスペースがあれば、十分活動していける（文字通り、ガレージで始まった企業もある）。役割やルーティーンは曖昧で、メンバーはみんな、目の前の問題に意識を集中している。もう一つ、彼らが気にしていることがあるとすれば、それはチャンスを逃すことである。

「人は人生のひとつのサイクルが終わると、そこから飛び出さなければならない。信念を新たにして情熱を取り戻そうとするとき、過去の信念や愛を手放して跳躍するのは、どんなことよりも難しい」

アナイス・ニン（アメリカの日記作家）

事業のステージでは、起業家精神が求められる。新規事業によく見られる危機先導型の状況では、やり方はあまり問題にならない。事業においても、慎重な計画や精査されたシステムより、活気や意欲、他者の興味を引きつける力、実践的かつ柔軟なアプローチが重視される。このステージでは、階級はあってないようなものだが、誰が権力を握っているかは明白である。創業者の価値観がそのまま組織の価値観となり、その個性が組織のスタイルを形成している。意思決定のプロセスは確立されておらず、創業者、あるいは創業者が指名した誰かが意思決定を行う。創業者に魅せられて集まった人たちは、創業者を尊敬し、理想化する。彼らの忠誠心は、非常に個人的なものである。

すでに述べたように、事業のステージは長引く可能性もある。しかし、ステージが続くにつれ、このステージのニーズに誰よりも精通しているメンバーたちが、自分たちの成功に複雑な感情を抱くようになる。成功は自分たちが求めてきたものであり、努力の証しである。だが、成功は成長を促進し、それに従って組織の構造も次第に複雑になり、当初の枠組みに収まりきらなくなってしまう。またステージの初期には正しいとされていた考え方も通用しなくなる。事業だけでは成功をコントロールできなくなり、組織化する必要性が高まってくると、「**各ステージにおける成果は、新たな課題（対面する準備が整っていなくとも）を生み、自ら消滅へと向かう**」という組織開発の第二法則に直面することになる。

夢－事業－組織化という一連の流れは、組織のライフ・サイクルのなかに遺伝子のように組み込まれているが、この連続がトランジションによって起こることはほとんど知られていない。未熟な組織が組織化しようとしても、カオスを招くだけである。事業のステージで、発足当初からのメンバーを価値ある存在にしていた要素のほとんどが、組織化というプロセスにとっては害をなすものとなる。創業者も、組織の資産を危うくする要因の一つだとみなされるかもしれない。自由な発想は、商業的に価値のある製品を作るという計画を妨げるかもしれない。また、「チャンスが来たら飛びつく」という直感的なやり方（創業者にしてみれば、このやり方でアイデアを形にし、資金も獲得したという自負がある）は経営陣にとっては大きな障害物となり、創業者をいっそ蚊帳の外に置きたいとさえ思い始める。

「重要なのは、どんなときでも、めざすもののためにいまの自分を犠牲にできることだ」

シャルル・デュ・ボス（フランスの批評家）

そこで、「**トランジションにおいて、組織はその成長に貢献したものを手放さなければならないことがある**」という第三法則の登場である。この法則に気づくことは痛みをともなう。自分こそ、組織のメンバーや文化、経営方針、あるいは「組織をここまで成長させた戦略」に貢献してきたという思いのある人物にとっては特にそうだ。彼らは痛みのあまり、こんなことを言い出すかもしれない。「この会社の発展に尽くしてきたというのに、いまになって、私はスキル不足だと言うのか？

組織はもはや私の〝手に負えない〟ところまで成長しただと？　本当のところは、きみたちが感謝の心や、誠実さや、礼儀をなくしてしまっただけなんじゃないのか……」などなど。

こうしたメンバー間の不協和音は、「**組織に困難や問題が生じているのは、成長に向けてのトランジションが起こっているときである**」という組織開発の第四法則につながっていく。組織が直面している士気の低下や、グループ間の対立、生産性の急激な低下といった問題は、トランジションの症状であり、トランジションを通過する〝通行税〟のようなものである。こうした問題が深刻な事態へと発展すると、誰しもトランジションそのものを回避したくなるかもしれない。

たとえトランジションを回避したとしても、組織は「**組織のライフ・サイクルが半ばまで進み、実績をあげるステージを通過すると安定を保とうとするようになる**」という第五法則に突入することになる。その時期が来ているのにトランジションを起こさなければ、組織の発展に遅延が生じる。成長が止まることはないが、トランジションの回避によって、さらなる発展は期待できなくなり、最終的には、この遅延が組織の存在自体を危うくしてしまうだろう。

だからこそ、企業や組織には、ライフ・サイクルの後半へと歩み続ける「発達義務」がある。しかし、組織がその前半部分を通過したとき、状況は変わり始める。最初のうちは、真の組織へと成長することが、組織がさらに前進し、さらなる高みを目指すための一歩であるとは気づきにくい。人々は、形式が機能よりも重要な意味を持つことを徐々に理解し始める。コミュニケーションは、他者に意思を伝える手段から、組織にふさわしい態度や姿勢を伝える手段へと変わる。そして、意見を伝えるべき相手と直接コミュニケーションをとるのではなく、〝適切な手順〟を踏むようになる。何か新しいことをやろうという意欲は次第に薄れ、何事も段階的に行うことで、全員の足並みが揃うことを期待するようになる。真の組織へと成長するステージにおいて、組織は安定傾向を強め、価値観を守ることに腐心するようになる。だが、それこそがトランジションを引き起こし、組織のライフ・サイクルを内向き志向の段階へと向かわせる要因となるのである。

組織の社会化に終止符を打ち、意識が内に向かうトランジションを開始するのは、主に市場での地位や財政の安定を揺るがす外部の脅威と対峙したときだが、そうした脅威は、真の組織へと成長することのマイナス面（あとで詳しく説明する）が呼び込んだものなのだ。外部の脅威にさらされると、組織は適切なやり方が用いられているかを確かめようと、規則や方針にばかりこだわるようになる。それが現実に起こっているにもかかわらず、不都合な結果から目を背けようとする態度こそが不適切なのに。この「適切な手順を踏む」という強迫観念は、組織を袋小路へと追い込み、結局何の解決策も見いだすことができないままとなる。

官僚組織と呼ばれる多くの組織は、ライフ・サイクルのこの時期に留まり続けることになる。しかし実際には、どんな企業も、組織化のステージを通過した、構造化した事業体であれば、多かれ少なかれ官僚主義的な傾向を持つものだ。従って、内向き志向の顕著な兆候は、創造性や時には効率を排除して型通りに物事を行おうとすることではない（といっても、実際に「型にはまる」ことは多い）。内向き志向の特徴は、組織が外部との健全なコミュニケーションを図ろうとせず、内部にばかり目を向け続けることであり、最終的に、組織の活動は内部にだけ通用する秘密の儀式のようになってしまう。

内向き志向のステージにおいて、組織がどのような行動をとるのか、一世紀前のアメリカ海軍の「継続照準射撃のエピソードを例に見てみよう[5]。これは一九〇〇年頃の話だが、アメリカ海軍将校であったシムスは、イギリスの水兵が船の揺れをうまく吸収し、波の動きに影響を受けることなく、艦砲の安定を保つ技術を開発したことを知る。シムスには、この技術を利用したイギリスの軍艦の砲撃が、同等のアメリカの軍艦よりはるかに正確であることを実証できる自信があった。また、揺れの収まるわずかな時間に発砲の準備を整えなくても、イギリス海軍の砲手は継続的に照準を合わせて、射撃を行う技術を身につけていることも理解していた。

シムスは、報告書をアメリカ海軍武器局および航海局へ送り、指示を待った。だが、待てど暮らせど何の反応も得られないので、彼は上官が〝不適切〟だと考える方法を用い、この報告を非公式のルートで回覧することにした。その矢先、当局から回答が返ってきた。それは次のようなものだった。

①われわれの装備はイギリス海軍のものと同等であるが、彼らとの違いは砲手が訓練されているかどうかにある。
②砲手の訓練に関しては当局の関与するところではないが、軍艦の乗組員は当局の管轄である。
③結論、そして最も重要な点は、「継続照準射撃」は実行不可能ということである。

最後の、そして驚くべき〝不適切〟な手段として、セオドア・ルーズベルト大統領に直談判するという行動に出たシムスは、（トランジションの）回避と否定を乗り越えた。ルーズベルト大統領は、海軍上層部から追放される形で、中国派遣艦隊へと事実上左遷されていたシムスを呼び戻し、射撃訓練の監督官に任命した。この職に就いたことにより、シムスは新技術の有効性を証明できたのである。海軍歴史家のエルティング・モリソンによって、その結果が記されている。それによると、シムスが射撃訓練の監督官に就任する三年前に実施された訓練は、次のようなものだった。

五隻のノース・アトランティック艦隊が、規定の一六〇〇ヤード（約一マイル）の距離から灯台船の廃船に向けて砲撃を行った。一隻につき五分間の砲撃を二五分間行った結果、廃船に着弾したのは二発であった。六年後（つまり、シムスの新方式が導入されてから三年後）、砲手は同じ距離から七五×二五フィートの標的を砲撃し、一五発命中させた。その約半数は、標的の中心から五〇インチの位置に命中していた〔6〕。

このエピソードは、単に「変化への抵抗の一例」というだけではなく、内向き志向のステージにいる組織が取りがちな態度を物語るものでもある。

組織の再生

組織のライフ・サイクルの発達過程を理解していなければ、組織が成長するにつれて変化することに拒否反応を示すといった厄介な事態を招くだけではなく、組織のライフ・サイクルのなかでは普通に見られる行動を解決すべき〝問題〟として扱ってしまうことになる。組織に必要なのは、問題を解決することではなく「再生」である。組織の再生とは、行動や価値観を変えることではなく、組織をライフ・サイクルのスタート地点へと戻すことで実現する。再生――あるいは組織が〝若い頃〟に抱いていた情熱を取り戻すこと――は、実は最初から組織のライフ・サイクルに組み込まれている。組織を再生するためには、内向き志向ではなく「再生への道」を選択すること。左の図を見てほしい。

組織の再生

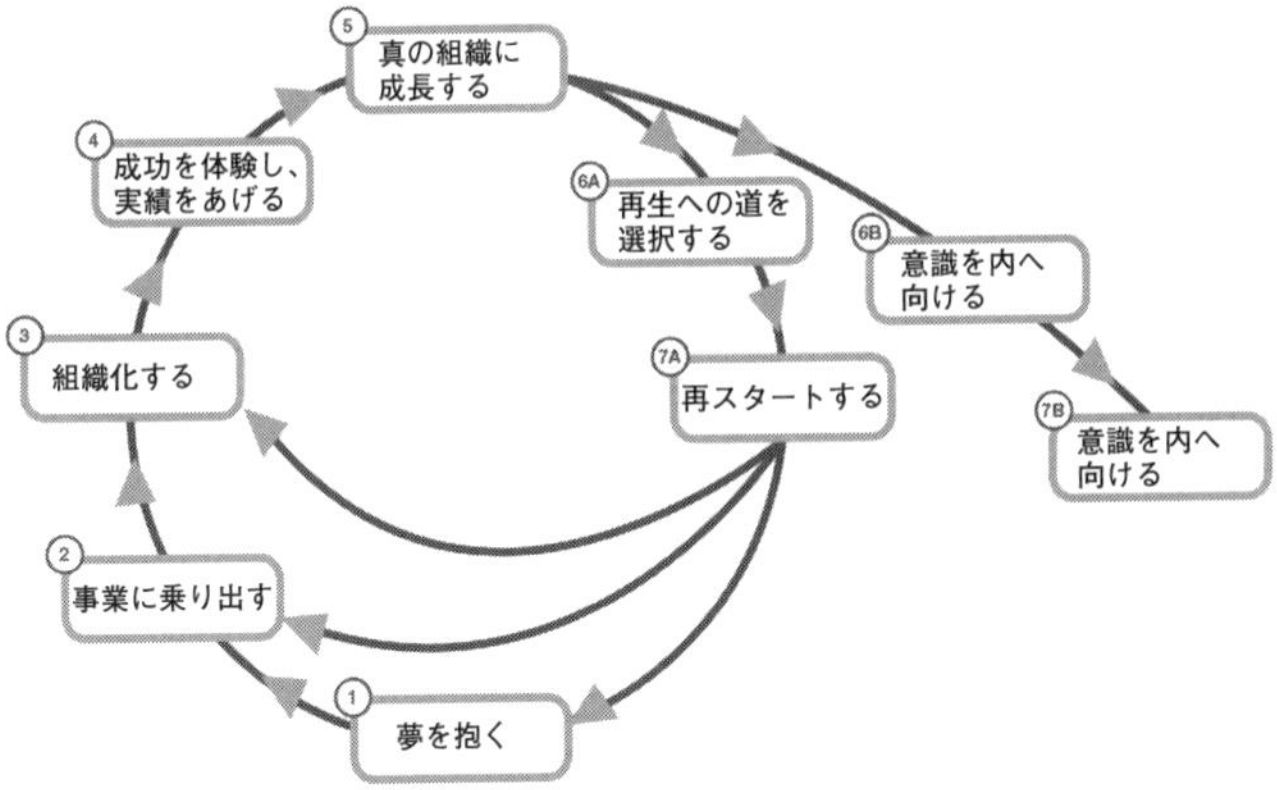

「火の使用から空を飛ぶことまで、偉大な発明と言われるものはすべて、神を愚弄する行為とみなされてきた」

J・B・S・ホールデン（イギリスの科学者）

確かに、正しい道順を選択すればよいと言うのは簡単だが、実際の組織再生のプロセスはそう簡単にはいかない。なぜなら、組織の〝免疫システム〟は、そうした選択に拒否反応を示すように設定されているからだ。再生の道を選ぶリーダーは、何を行うべきか、そのために必要な手段は何かを明確に理解していなければならない。しかし、ゼネラル・エレクトリックやアメリカ陸軍やIBMといった組織は、再生は可能だということを証明している。実際に（死のステージへと向かっていた）〝古い〟組織は再び活気を取り戻している。

「組織の再生」のチャートが示すように、再生とは、組織がライフ・サイクルの最初の三つのステージで持っていた力を取り戻し、再び活性化させることである。

「人生のどんな瞬間も、自分はこれまでと変わらぬ人間であると同時に、なろうとしている人間でもあるのだ」

オスカー・ワイルド（イギリスの劇作家）

新たな夢を抱く

再生は組織の基礎となる夢を新たにすることから始まる。新しい夢は「サービス・カンパニーを目指すこと」（ＩＢＭ）、あるいは「リーダーシップの概念を再構築すること」（アメリカ陸軍）かもしれない。新規のビジネス分野に参入する場合もあれば、現在参入しているビジネス分野に対するアプローチを変える場合もあるだろう。いずれにせよ、組織の再生は、その行動や構造の基盤となる理念を大きく変化させることになる。

起業家精神を取り戻す

次に組織がすべきことは、起業家精神を取り戻すことである。組織がまだ若く、発足したばかりの頃には備わっていたはずの起業家精神は、いまや過去の存在となってしまった。その起業家精神を取り戻すには、新たな役割や構造（これらは具体的には再生の第三ステージに属している）が必要になるかもしれない。しかし起業家精神は、新たなリーダーシップ育成に取り組むなかで、新しい組織文化やリーダーシップの形が生まれたときに息を吹き返すことが多い。組織を再生に導こうとするなら、新たな事業に乗り出す（組織を分断する壁を取り払い、柔軟ですばやい意思決定のプロセスを推進し、顧客との緊密な関係を構築するといった）つもりで行動すべきである。

もう一度、組織化する

再生するためには、組織化のステージへと戻り、組織の方針や役割や構造を見直し、組織を初期の状態へと近づけなければならない。もう一度、組織化するには、前回とは反対の方向からアプローチする、つまりゼロから始めるのではなく、組織として順調に機能していた頃の性質を回復するのである。そのためには、大きな部署を小さな部署へと分割し、小規模のチームを組織内のスタートアップのように扱うことも必要になるかもしれない。メンバーの給料を組織の活動と直結させるために、報酬体系を見直したほうがいいかもしれない。また、資格や実務経験（応募者の能力を保証するもの）にこだわるのをやめ、応募資格に縛られない新しい雇用方針を打ち出すことも考えるべきだろう。

言うまでもなく、再生によって組織は広範囲に及ぶトランジションへと突入することになる。「真の組織」の習慣や文化に最もなじんでいたメンバーは、期待や想定（組織化のステージにはよく見られるもので、このステージが目指す結果を生み出す動機となる）を手放さなければならない。彼らは、頼りにならないわけでも、怠けているわけでもない。物事が想定外の方向へと向かうまでは、彼らは組織の中で最も優秀な人材だったのだから。

これこそ、トランジションが難しいと言われる理由であり、組織のライフ・サイクルに危機的状況をもたらす要因である。トランジションとは、組織が発足以来たどってきた軌道から、唐突に正反対の方向へと逸れることなのである。この軌道変更は、組織が末期的衰退を避けるためには不可欠だが、だからといって誰もが「終わり」を苦もなく乗り越えられるわけではない。リーダーは、これからやろうとしていることがどんな結果につながるかを予測し、トランジションが避けて通れないものだとしても、「再生は絶対に必要だ」という意識がトランジションの苦しみを黙認する言い訳にならないよう注意しなければならない。組織再生計画にトランジションマネジメントを組み込むよう、リーダーに助言する立場にある人事や組織開発の専門家たちにも同じことが言える。

「手放そうとしているものほど大切に思えるものはない」
ジェサミン・ウェスト（アメリカの作家）

専門家たちにとってさらに重要なのは、自分たちの助言が実際の組織開発の例を反映し、その助言によって、組織が正常なライフ・サイクルに沿って進む――あるいは、再生に向けた取り組みとして、ライフ・サイクルを逆行し、新たなスタートを切る――ことができると確信を持つことである。従業員やリーダーたちが、各ステージで想定される課題を乗り越えていくことで組織は成長を続けていく。そのステージの合間に起こるトランジションが、人々にさまざまな困難（手放す、ニニュートラルゾーンを乗り越える、新たな始まりを迎える）を与えるのである。

再生への道を選択する

組織の再生のライフ・サイクルは通常のライフ・サイクルと同様、企業や組織をステージの連続へといざなう。そこではドングリが樫の木へと成長するように、夢の種が「展開」していく（「発達〔development〕」という言葉は、そもそも「展開〔unfold〕」という意味で使われていた）。

再生のライフ・サイクルの最初の四つのステージは、展開の肯定的な面である「成長」を象徴している。ステージを一つでも飛ばそうとすると、その組織は次のステージへの移行を拒絶したことになってトラブルに直面する。だが、五つめのステージ（真の組織へと成長する）に到達すると、状況が異なってくる。多くの人はこのステージを前に進む一歩とみなすが、なかには、「顧客に監視されている気がする」とか、「意思決定に慎重になりすぎだ」といった不満を訴える者もいる。やがて、真の組織へと成長することのマイナス面が深刻な問題を引き起こすようになる。先見の明がある洞察力を持ったリーダーなら、この時点で組織を再び活性化させるには何が必要かを考え始めるだろう。

リーダーは、次の三つのトランジション問題を自問自答してみるといいだろう。

①「手放すべきときはいつか？」

古いやり方や、その拠り所となる考え方にいつまでもこだわっていると、再生は実現できない。他人の手放す時期を判断するのは簡単だが、自分にとっての手放す時期を見極めるのは難しいものだ。賢明なリーダーは、模範を示すことが最も強力な手段だとわかっているので、まず自分のことから考え始めるだろう。「再生への道を進むためには、自分のアイデンティティ（アイデンティティだと思っているもの、あるいは自覚があるもの）のどの部分を手放すべきだろうか？」。この質問を自問（そして自答）をしなければ、「この組織は変わるべきだ！」という強引な思いだけが残り、内部に何の変化も起きないまま、組織は混乱状態に向かうことになる。

②「ニュートラルゾーンをどう過ごすべきか？」

せっかちなリーダーは、「新たな夢を見つけて、起業家精神を取り戻し、組織が再生する準備はすべて整った。さあ、明日から仕事を始めよう！　成果をあげなければならないのにぐずぐずしている暇はない」などと考えがちだ。しかし、「困難を乗り越える」という過程を飛ばすことはできない。「ニュートラルゾーン」という荒野があったからこそ、モーセの率いる民は再生を実感することができたのだ。変化にすばやく対応することに問題はないが、これから進もうとしているのは長く険しい道のりだということを、最初に把握しておく必要がある。トランジションは最低でも数カ月は続く。再生を目指すのが大規模で複雑な組織であれば、完了までに何年もかかるだろう。トランジションの大半はニュートラルゾーンで過ごすことになるため、ニュートラルゾーンをできる限り快適なものにする工夫が必要だ。組織のメンバーが快適に過ごせるよう、あなたには何ができるだろうか？　みんなの不安を軽減し、生産性を上げることのできる、臨時の方針や体制や措置は考えられないだろうか？　少なくともそれぞれのメンバーが、自分たちがなぜこんなにつらい思いをしているのか、どうやったらそのつらさを乗り越えられるのかを理解できるようにすることが重要だ（「四つのＰ」を思い出そう）。

③「組織が『新たな始まり』を始めるために、私は、そしてメンバーたちは、何をすべきか？」

あなたが「新たな始まり」にふさわしい姿勢や態度を示すことで、組織のメンバーは、自分たちが必要としているリーダーがそこに存在していると気づくだろう。だが、覚えておいてほしい。周囲に自分の意見を伝えるときには、自分の理想を押しつけようとするのではなく、目の前にいる彼らに語りかけることが重要だ。彼らに必要なのは、最終目的地に一気に到達する手段ではなく、（あなたが起こした）変化によって生じたトランジションに対処するための次の一手なのだ。「始まり」を始めるために必要とされる姿勢や態度を定着させるためには、どんなサポートが有効だろうか？

組織のライフ・サイクルにおいて、各ステージの始まりと終わりを決定づけるトランジションが起こるのは、企業や組織全体に限った話ではない。トランジションは組織を構成する個々の要素のライフ・サイクルや発達過程にも影響をおよぼす。たとえば、ビジネスチャンスが拡大している地域に支社を出すことも、誰かの夢が発端である。画期的な製品を開発するという新しいプロジェクトも夢から始まっている。ライバル関係にあった企業が共同で事業を始めるのも、新たな理念を打ち立てるのも、新たな経営管理体制を整えるのもそうだ。

七つのステージから成る組織のライフ・サイクルや、ステージ間に生じる重大なトランジション・ポイントは、組織のあらゆる事業を特徴づける。事業の内容がそれぞれ異なっていたとしても、その始まり方やプロセスはまったく同じだ。リーダーはこの点に留意しなければならない。そして、リーダーシップもこのプロセスの一環であり、組織が想定通りのサイクルを進むなかで発達を続けられるよう、何らかの形で（そのリーダーが組織のトップである場合は、組織全体を）サポートするものだということを再認識する必要があるだろう。

「人生においては、得ることよりも失うことのほうが大切である。種子は死ななければ発芽することはない」

ボリス・パステルナーク（ロシアの作家）

結　論

トランジションは、変化の人間的側面、あるいは変化によって人がたどる心理的なプロセス、もしくは新しいやり方を受け入れるための手段というだけではない。それは、組織が発達していくなかで、あるステージから次のステージへと移るときに人々が経験する出来事でもある。トランジションに直結する特定の出来事が何も起こらないこともある。誰もが、組織のなかで「何かが変わった」ことには気づいている。季節が移り変わるように組織の日常も変化を続けているにもかかわらず、新しい季節がそこまで来ているのかどうか確信が持てないときもある。だがやがて、予兆ははっきりとした兆候へと変わり、大きな変化が間近に迫っていることを理解し始める。

「まったく逆説的なことだが、成長や改革や変化においてのみ、真の安定を見つけることができる」
アン・モロー・リンドバーグ（アメリカの作家）

各ステージの終わりとはそういうものだ。目印となるような、重大な、あるいは明白な変化が起こることはまれであり、たいていは「いままでのやり方」が徐々に終わりを迎えることになる。そして、新たな需要に背中を押されるようにして、物事は新しい形を取り始める。あとで振り返ってみれば、変化がいつ、どのようにして起こったのかがわかるだろう。本章で語ってきたことを参考にすれば、なぜ変化が起こったのかもわかるはずだ。時間が経てばさまざまなことが明らかになる。私たちがコンサルティングしている企業の役員たちも、あとになれば、組織が発達過程でたどったステージや、ステージ移行時のトランジションを引き起こした出来事を説明することができる。だが渦中にいるときは、何が起こっているのかを正確に把握することは難しいものだ。

組織が再生を図っているときにも、こうした不確かさがついて回る。「いまがそのときなのだろうか？　本当に内向き志向のステージを迎えているのだろうか？」。だからこそ、リーダーは組織開発の理論を学ぶべきなのである。リーダーの義務は、たとえ決定的な証拠がなくても、疑問に答えることであり、情報が不十分であっても、組織開発の問題に結論を下すことにある。組織に再生が必要かどうかを見極めるリトマス試験紙はない。だが、組織がライフ・サイクルのどのステージにいるときに再生が最も必要とされ、しかも容易なのかを知っていれば、大いに役立つはずだ。各ステージの特徴を把握し、ステージ間に起こるトランジションが不安を呼ぶことがわかっていれば、それも救いとなる。そして、組織のメンバーたちが必要以上にストレスを感じることなく、トランジションの三段階を乗り越えられるよう、トランジションマネジメントの方法を身につけておくことは非常にプラスである。それぞれが、いま味わっている苦痛には理由があることを理解すれば、〝面倒な変化〟にも不満を募らせることはないはずだ。

【トランジションと再生のチェックリスト】

□組織のライフ・サイクルの七つのステージを理解し、次のステージへ移行するときにトランジションが起こると理解しているか？

□自分が属している組織（あるいはよく知っている組織）が、ライフ・サイクルのどのステージにいるかを把握できているか？

□組織の現在の情勢と発達過程におけるステージとを区別できているか？

□組織のライフ・サイクルの第一ステージを象徴する夢を認識できているか？

□事業のステージの性質と、その性質がいかにしてステージを終焉へと向かわせるかを説明できるか？

□物事を系統立ててやろうとすることと、発達過程における組織化との違いを理解しているか？

□組織を「実績をあげる」ステージから「真の組織へと成長する」ステージへと進ませる、新たな課題や傾向は明らかになっているか？

□真の組織へと成長することが組織にとっての正念場――組織の生き残りをかけた重大な選択をするとき――だと理解しているか？

□組織がライフ・サイクルのあるステージから次のステージへと移行するための計画を立てるための、三つのトランジション問題を知っているか？

第Ⅲ部　変化への対応

第7章　絶え間ない変化に対応する

「二〇世紀という時代に一つだけ文句をつけるとしたら、私はこう言うだろう。『冒険的すぎた』と。私が好むのは、味気ない単調さだ。誰もが変化を好むとしても」

オグデン・ナッシュ（アメリカの詩人）

「この世界には、文明化された社会には似つかわしくない不安定さがあることを認めねばならない。だがおしなべて、黄金時代とは不安定な時代である」

アルフレッド・ノース・ホワイトヘッド（イギリスの哲学者）

「現代において唯一不変なものは変化だ」ということは、もはや自明の理である（皮肉にも、約二五〇〇年前、ギリシャの哲学者ヘラクレイトスがまったく同じことを言っている）。しかし、その変化は今日、これまでにない様相を呈している。連続的で、途絶えることがなく、ますます複雑化しているのだ。たとえば、部署の再編が発表され、その再編が完了しないうちに、新しく就任した部長によって部署はまた別の国際部門へと統合されることが決まったりする。あるいは、新たに導入されたデータベース管理ソフトにようやくなじんできた頃、流通工程全体をアウトソーシングすることが発表されたりする。ここで言う変化とは、一つの変化ではなく連続的な出来事としての変化である。単独のイメージではなく、いわばコラージュである。一つの変化は別の変化と重なり合いながら辺り一面に広がっていく。

実際にそうだとすれば、ここまで語ってきたトランジションはどこか人工的なもの（実験室で純粋培養された、自然界には存在しない物質のような）に思えてくるかもしれない。確かにある意味、トランジションとはそういうものだ。本書で描いてきたトランジションのイメージは、トランジションの典型である。教科書などでよくある花や鉱石の模式図のように、現実世界では目にすることのないような完璧なイメージなのだ。

トランジションの典型を明確にすることは、実はとても大切である。皮肉にも、組織がトランジションにほとんど注目しない理由の一つは、その存在に圧倒されてしまっているからだ。トランジションは周囲にあふれているのだが、あまりにも近すぎて、かえってその姿がぼやけてしまう。最も単純な形を取り出してみて初めて、それをはっきりと見ることができる。ここまでに示してきたような、純粋な、そして単純なトランジションの形を理解すれば、その内部で起こっていることや外部におよぼす効果を容易に理解することができる。幸運にも、現実のトランジションは、ヒナギクや金鉱石と同様に、理解しやすいよう簡略化された模式図とさほど変わりはない。そうは言っても、いまは純粋培養されたトランジションのイメージから離れ、絶えず変化を続ける現実に対処していかなければならない。

変化の三つの局面

重なり合う

トランジションの概念では、「終わり」が「ニュートラルゾーン」へと向かい、最後に「新たな始まり」へと向かうことになっている。だがこれらの段階は、明確な境界線を持つ独立した段階ではない。トランジションの段階図を見れば、トランジションの三つの段階は順番に起こるものではなく、カーブし、傾斜し、重なり合った層であることがわかるだろう。

どの段階も、先行する段階が完全に終わりを迎える前にスタートを切る。だからこそ、複数の段階が並行して起こる可能性があり、トランジションの通過が、ある段階から次の段階への完全な移行によってではなく、そのときに最も優勢な段階で起こる変化によって決定づけられるのである。

同時並行的な変化とは

変化は果てしない連続から分離独立することもあり、そうなると事態はさらに複雑になる。たとえば、新しい情報管理システムへの切り替えの際、トランジション（「新たな始まり」を始める）が完了に近づいたと思ったまさにそのときに、組織改編（古い構造を手放す）が発表され、別のト

トランジションの３段階

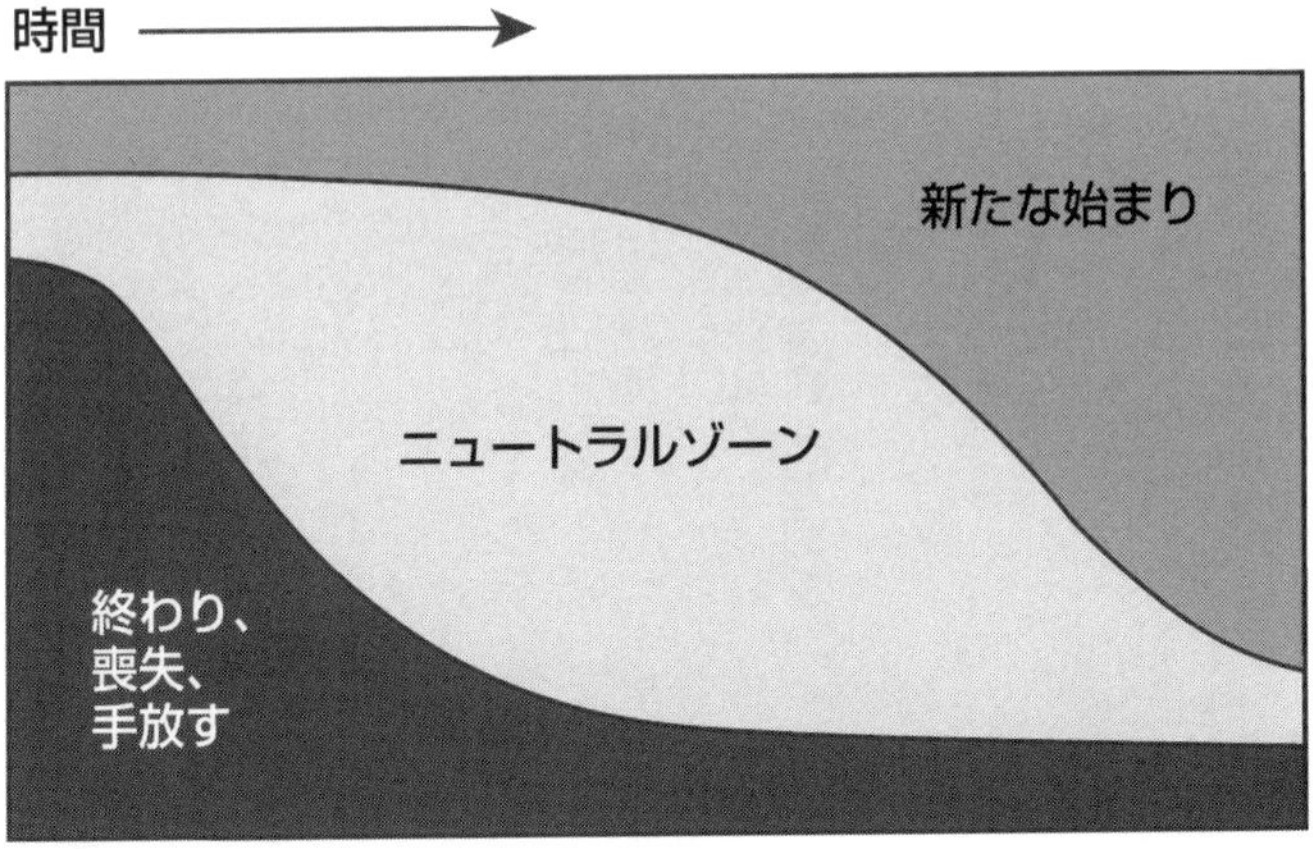

ランジションに突入することになる。社員が先月の一時解雇をきっかけに「ニュートラルゾーン」の真っただ中にいることも、状況をより厳しくしている。

リーダーや管理職が体験することは、オーケストラの指揮者が体験することと似ている。それぞれの楽器が異なる音を奏で、それぞれの楽譜に合わせて演奏を開始、あるいは停止する。指揮者は、さまざまな楽器の演奏を把握していなければならない。全体を意識しながら、一つのパートから別のパートへ注意を移動させる必要がある。メロディーやハーモニー全体に気を配っていなければ、些細な音の変化が、気まぐれに奏でられた、演奏中の曲とは無関係のまったく別のメロディーに聞こえてしまうだろう。

組織に起こる連続的な変化に対応するためには、最初に、さまざまな変化の一つ一つを構成要素として集約した全体的な構想を打ち出すことが肝心だ。組織に重大な戦略変更が生じるときなどには、リーダーがこうした全体的な構想を発表するかもしれない。もしそうなら、あなたにとっては好都合だ。その構想のすべてに同意できないとしても、それが個々の変化に一貫性を与えるという点ではプラスになるからだ。

だがもし、全体的な構想が存在しなければ、それぞれの変化を分析し、すべての変化に共通する目的を明らかにする——あるいは新たに作り出す——必要があるだろう。それは次のようなものかもしれない。

- コストを削減する
- 新たな競争相手の登場で失った市場シェアを取り戻す
- 世論の風潮の変化に独創的に対応する
- 権力分散により意思決定のプロセスを加速させる

組織の歴史を〝伝記〟に見立て、現在という時間を、その伝記のなかで二つの〝章〟が交わる地点だと考えてみるとよいだろう。それらの章につけるタイトルや、章から章への移動をイメージすることで、組織がいま直面している変化の全体像がつかめるかもしれない。

この方法を試すかどうかは別として、さまざまな変化を一つにまとめ、意味のある大きなパターンを見いだす必要がある（私のクライアントは、この作業を子供のころ好きだったパズルにたとえて、「点と点をつないで〝隠れているもの〟を見つけるようなもの」と表現していた）。そうして見つけたパターンは、さまざまな意見を取りまとめるのにも役立つだろう。

「Omnia uno tempore agenda（すべてのことはいっときになされねばならぬ）」
ユリウス・カエサル（ネルウィイ族からの予期せぬ同時攻撃に対処したときのことを語った言葉。カエサルの軍隊が三方向からの攻撃を受けたとき、一部の部隊は川を横断中で、別の部隊は野営を張ろうとしていた）

変化の高まり

私たちには人間としての性質が備わっているが、その性質は、変化に対してはなかなか効果を発揮できないようだ。新しい、しかも複雑な変化に順応することは、人間が長い年月をかけて築いた能力である。一八世紀のヨーロッパ人を現代のウォール街や東京の繁華街に連れてきたら、彼らはそこで起こるさまざまな変化に完全に圧倒されてしまうだろう。だが現代人は、そうした変化（数世代前の人間であれば精神がまいってしまうような変化）に、日々うまく対応している。

何より対応が難しいのは、変化の速さではなく変化の加速である。この数十年における変化の加速こそ、変化への対処をより困難にしている要因であり、それ自体がトランジションを引き起こしている。加速する変化には、それがどんなものであれ――それが加速だけでなく失速であっても――同じ傾向がある。もし変化が突然止まったとしたら、変化を失った状況そのものが変化となるため、人々はトランジションのただなかに放り込まれて苦労することになる。

これは単なる言葉遊びの問題ではない。新規事業が成長し、発展し、年月が経って組織としての方針や体制を整えようとするときに、この種の失速が起こりうる。先の章でも見たように、以前の混沌とした状況になじんでいた人たちは、状況が変わったことに不満を感じるようになる。「ちっとも楽しくなくなった」とか、「昔はこの会社で働くのが楽しかったのに」とか、「面白みのない会社になってしまった」などと言うかもしれない（彼らがもし、少し前に提案した〝伝記〟のアドバイスを実行したら、終わりを迎えようとしている章に「理想郷よ、さようなら」というタイトルを、そして次の章に「面白みのない世界へようこそ」というタイトルをつけるかもしれない）。

〝余計な〟変化を先延ばしにする

「絶え間ない騒音にさらされている者は、静寂で目を覚ます」

ウィリアム・ディーン・ハウエルズ（アメリカの作家）

変化をひとまとめにしてタイトルをつけたとしても、それでもまだ変化が多すぎてとても対処できない、と思うかもしれない。その場合は、変化のいくつかを取り除く必要がある。周囲の環境や組織の別の部署から何の影響も受けずに事業を進めることは不可能だ。しかし、対処すべき重大な変化とは無関係の偶発的な変化は、多くの場合、先延ばしにする、あるいは取り消すことができる。そうした偶発的な変化は、それが引き起こすマイナスの影響を上回るだけの利益を生み出すことはめったになく、小さな変化が不用意に起こっていると、本来取り組むべき大きな変化が危機にさらされてしまう。

多くの変化を起こそうとしているうちに、すべてを変えられると思うようになるかもしれない。しかし、すべてを変化させることに意義があるのは、〝すべて〟に相関関係がある場合だけである。往々にして、リーダーや管理職は変化を起こすことに〝夢中〟になってしまうので、余計な変化が積みあげられていくことになる。彼らは、危機に陥ったときに感じる興奮にやみつきになり、危機があふれている状況を当たり前に感じるようになる。余計な変化は時に物事を複雑にし、その状況に耐えられなくなると、すべてを最初からやり直さなければならなくなってしまう。そうしているうちに、本来対処すべき変化に本気で取り組めなくなってしまうのだ。変化に病みつきのリーダーは危険な存在と言える。そのリーダーがカリスマ性のある人物なら、それが余計な変化であっても、もっともらしいものに見せかけることができてしまう。

できるだけ多くのことを予想する

経済や社会を予想するのはとても重要なことだが、立て続けに起こる出来事をすべて分析しようとしても、多くのことが見逃されてしまう。ジョン・ネイスビッツも「メガトレンド理論」やそれをテーマとした書籍（いずれも示唆に富んでいる）のなかで、未来を予想する人間の本能的な欲求を語っている［1］。問題は、その予想がやや正確性に欠けているということだろう。

「二つの相反する性質――習慣と新奇性――が等しくわれわれの心をとらえる」
ジャン・ド・ラ・ブリュイエール（フランスの作家）

証券コンサルタントを例に考えてみよう。彼らの予想は、あなたが適当に選んだ株で成功するよりも低いことがある。あるいは、期待を裏切る「おすすめ商品」はどうだろうか？　どの商品も、その道の専門家によって成功間違いなしと予測されたものだったはずだ。しかし、こうした予想が材料としているのは、未来の状況を生み出す可能性のある要素ではなく、現状を生み出した要素なのだ。一九八八年の東ヨーロッパで社会情勢の「変化」を見越していた者は、一九八〇年当時の情勢から、その先に起こることを予想していただけで、二一世紀の現状を見据えていたわけではないはずだ。

予想を頼りに計画を立てるのは、第一次世界大戦開戦前に、戦車でも破壊不能な難攻不落の要塞線を築いたフランス軍のようなものだ。当時の陸軍大臣アンドレ・マジノにちなんで「マジノ線」と名づけられたこの要塞線を、第二次世界大戦時、ドイツ軍は迂回して進軍してきた。あるいは、業界でコングロマリット形成が流行していると知り、垂直統合のアイデアに飛びついた企業のようなものかもしれない（その企業が実際にコングロマリットを形成する頃には、市場はニッチな分野に移行していて、誰もがニッチを追及するようになり……。あとはもうおわかりだろう）。

「軽薄な人間は過去を語り、賢明な人間は現在を語り、愚かな人間は未来を語る」
デファン夫人（フランスの風刺詩人）

予想には二つの問題がある。第一に、物事の関連性は非常に複雑で、その複雑さから生まれる結果を予想することは難しく、何が起こるかを断言することはほぼ不可能である。第二に、予想にもとづく行動は「バンドワゴン効果」を生み出すが、その結果、予想の前提となっていた状況が変わってしまうことになる。ウォルター・マックレイは、三〇年以上前のエコノミスト誌の記事のなかで、この点を明確に語っている。

生産と交換が激しく繰り返される現代社会においては、その場しのぎにしかならない余剰物を

大量に生産することになる。だがこの余剰物は、五年あるいは一〇年前に影響力のあった者たちが、近い将来、著しい供給不足に陥ると決めつけていたものなのだ。影響力を持つ人々の意見が紹介され、営利目的の個人生産者と、民意に追従しようとする政府の両方がそれを鵜呑みにして、今後最も不足すると言われた製品をこぞって過剰に生産したことが、こうした状況を生み出しているのである。

誰もが予想によって利益を得ようと行動を変えた結果（そもそも予想は行動に基づいているのだが）、予想が間違いであったことが証明されてしまう。

変化に備えるために予想を行うには、二通りの方法がある。どちらも、政治や経済の重要な指数を予想するような派手さはないが、信頼性は高い。一つは、現在の組織の方針や構造について、今後の「ライフ・サイクルの予想」を行うことである。遅かれ早かれ技術が変化し、どんなに成功した商品であっても、競争相手からのプレッシャーによって市場での立場が危うくなる可能性がある。従って、自社の商品についても、「ライフ・サイクルの予想」を定期的に見直すといいだろう。商品が成功の頂点にいるときにこそ、組織は改善案や代替案を検討し始めるべきなのだ。

雇用、専門分野、組織の文化的側面についても、ライフ・サイクルを予想していく必要がある。これらの要素は、商品と同様に寿命がある。たとえば退職金制度は、監督者による研修やその他の後継者育成のプログラムと同じく、時代遅れになりつつある。こうした問題は、ライフ・サイクルという視点から考えることによって、準備期間（予定外の変化によって大きなトランジションに直面するという、よくある危機を回避するための時間）を設けることができる。「壊れたわけではないが直す必要がある」などと言っても、人々はそう簡単に納得しないかもしれない。だが、ちょっとしたほころびを見つけた時点で修正案を準備することはできる。

最悪のケースを予想する

将来の変化に備えるもう一つの方法は、「もし～だったら？」を予想した計画を立てることである。もし、オートメーション化に想定の二倍の時間がかかるとしたら？　もし、想定の一・五倍の従業員が早期退職に志願してきたら？（そしてもし、その志願者が「残ってほしい」と思っていた従業員だったとしたら？）もし、政府規制や法的判断によって、特定の薬品の使用が規制されたとしたら？　もし、マグニチュード七・二の地震が製造工場や配送センターを襲ったら？　つまり、期待通り、あるいは計画した通りに物事が進まなかったとしたらどうするのかを考えるということだ。

予想外の事態に備える唯一の方法は、すべての計画を「偶発事故条項」に当てはめ、予期せぬ出来事が起こった場合の行動をあらかじめ想定しておくことである。これにより、主要ルートが予期せずして通行不可能になった場合の代替ルートを手配したり、予期せぬ出来事によって士気が低下したときに混乱を最小限に留めつつ計画を変更したりする手段を確保しておくことができる。最悪のケースを想定することには、さらなる利点がある。マックレイの引用にもあるように、もし誰かの想定通りにみんなが行動したとしたら、予想した最悪のケースは、一般に認められた前提とは相容れないもので、最悪という予想は正しかったということになる。市場トレンドとは反対の取引を行う「逆張り投資家」の投資戦略は、この考え方に基づいている。

トランジションを「いつもの変化」に変える

絶え間ない変化に効率よく対処するには、新たな発想を身につけなければならない。ほとんどの組織において、こうした発想の転換はきわめて重大なトランジションを引き起こす。過去の思い込みや期待は放棄せねばならず、目指す「新たな始まり」が視界に入らないうちから、ニュートラルゾーンの長く苦しい道のりを進んでいかなければならない。「絶え間ない進歩」や「カオスを乗り越える」ことの利点を語って、〝約束の地〟のすばらしさを伝えるだけでは十分ではない。困難を克服した仲間のエピソードを聞かせて、みんなを勇気づけるだけでも不十分である。変化は断片的なものであるという思い込みや期待を捨て、変化は連続的なものだという発想へと大きなトランジションを導いていかなければならない。

「安定とは、実のところ、非常に緩慢な動きに過ぎない」

ミシェル・ド・モンテーニュ（フランスの哲学者）

やるべきことは、ほかの（大きな）トランジションに対処するときと何も変わらないし、ここまでの章で紹介した戦略が役立つはずだ。結局のところ「絶え間ない変化」とは、さまざまな変化が互いに重なり合ったものであって（変化とはそういうものだ）、その重なり合う確率がより高いというだけなのだ。トランジションに苦しむ人であれば、一つの変化に新たな局面が訪れるだけでも、「絶え間ない変化」と呼ぶだろう。

一方で、その変化が過去に経験済みのものであった場合は、変化ではなく「安定」と呼ばれることになる。この点から考えると、今日「絶え間ない変化」と呼んでいるものは、日常的なものの新たな側面ということになる。つまり純粋なカオスではなく、単なる新しい体験である。なじんでしまえば、それは「安定」とみなされる。

言葉の問題として片づけようというのではない。たとえば、「継続的な改善」への取り組みが当たり前のこととして定着した企業では、生産性や効率の向上、コストの削減といった目的のために、規則が絶えず変更されることになる。小さなトランジションがつねに起こり、物事に永続性を見いだせず、誰もが混乱状態に陥ってしまうかもしれない。しかし、こうした進化を続ける環境のなかにあっても変わらないものがある。それは、現状はあくまで一時的な状態であって、もっと良いやり方が見つかるだろうという期待である。小さな改善の一つ一つが（それぞれがトランジションを引き起こす力を持っている)、「継続的な改善」の裏にある、不変の価値観や法則を思い出させてくれるのだ。

もちろん、変化のすべてが改善につながるわけではない。変化が現状のバランスを保つための微調整にすぎない場合もある。市場の変化や規制措置によって被った損失を食い止め、損害を補填するための大局的な戦略の場合もある。何であれ、大切なことは、連続的な変化を新たな現状として定着させることができれば、受け入れられやすいという点だ。変化の核心は、「変わらない状態」の維持にあるということを理解する必要がある。自転車で直進するためには車輪を回し続けなければならないように、連続性を決めるのは変化なのである。小さな変化を拒否すれば、「安定性」が生まれないばかりか、バランスや活動力も失われることになるだろう。

目的を明確にする

変化から安定性を生み出すためには、自分という存在や、自分がやろうとしていることをはっきりと認識していなければならない。そこがスタート地点となる。バランスを取るには、バランスを取るべき対象が定まっていなければならない。現代のような、絶え間ない変化にさらされている時代には、目的を明確にすることを重視すべきである。技術者のチームだろうが、非営利の教育団体だろうが、多国籍企業だろうが、その組織が果たそうとしている目的を考える必要がある。

「目的は何か？」という問いへの答えは、オフィスに掲げられた企業理念のような美辞麗句のなかには見つからないだろう。その答えは、自分の行動によって全体の目的に貢献しようという明確な意思があるかどうかで決まる。組織の目的はいたってシンプルなはずだ。トヨタの目的は、車やその他の乗り物を作ることである。ハーバード大学の目的は、教育を実践し、知識の境界を広げることである。地域の病院の目的は、在宅や個人病院では受けられない診療や治療を提供することである。組織を構成する要素の一つ一つが、組織全体の目的に何らかの形で貢献し、独自の目的を持っている（そうでなければ、その要素は組織とは無関係の意味のない存在になってしまう）。

「多くの人間は、自分が選んだ道を追うことに執着している。目標を追っている者などほとんどいない」

フリードリヒ・ニーチェ（ドイツの哲学者）

組織の目的のほとんどは、実際には組織の目標を言い換えたものにすぎない。株主の利益を増加させる、顧客にお金を払った分の満足を与える、働きやすい職場環境を提供する……いずれも重要な目標ではあるが、日々変化を続けていくことの意義を戦略として伝えるものではない。組織を動かしているのは、目標ではなく目的である。

目的と目標の混同は、変化が当たり前の状態になったとき、深刻な反動を引き起こす。組織は、その目的を維持するために、目標を変更しなければならないこともあるからだ。

- 最高の容器を作ることが目的の企業が、プラスチックボトルの製造から、ガラスボトルの製造へと転換を図った（あるいは立ち返った）。
- 高品質の保存食品を作ることが目的の企業が、瓶詰食品の製造から冷凍食品の製造に移行した。
- 荷物をすばやく配送する手段を提供することが目的の企業が、鉄道車両を手放し、航空機を導入した。

変化は組織をトランジションへと導くが、どの変化も、目的を維持するために起こされた変化であることは間違いない。どんな種類の組織であっても（メンバーが特定の目的を共有するチームレベルの小規模の組織であっても）同じことが言える。新しい機械の導入も、新しい組織設計や方針の策定も、品質や顧客サービスに対する意識の転換も、目的を効果的に達成するためのものである。

ここで問題となるのは、目標のほうが目的よりも受け入れやすいということだ。目標は目的と比べてより実質的で身近な存在であるため、努力や自己イメージと結びつきやすい。従って、組織のメンバーが組織の目的を認識できるよう、つねに配慮する必要がある。それには「説明する」「模範を示す」「報酬を与える」といった方法が有効だろう。

「目標によるマネジメントは、目標がはっきりしている場合はうまくいく。ただ、九〇パーセントの場合、目標がきちんと理解されていない」

ピーター・ドラッカー（経営学者、マネジメントの発明者）

信頼を取り戻す

誰かが泳ぎを習っているところを見たことがあれば、その人がプールの縁を離れて自分の力で泳ぎ始めた決定的瞬間のことをおそらく覚えていることだろう。そのとき、泳ぎを教えるインストラクターは「溺れないようちゃんと見ているからね」などと声をかけたかもしれない。インストラクターを信頼していなければ、自分だけの力で前へ進み、水泳という新しいスキルを身につけることはできないかもしれない。その瞬間、恐怖と希望のバランスを保つには、信頼がなくてはならない。自分の泳ぎの能力を信頼できていないうちは、インストラクターを頼りにするしかないのだ。

これはトランジションマネジメントにも言える。上司を信頼していれば、たとえ変化に恐怖を感じていたとしても、部下はそれを受け入れようという気持ちになるだろう。だがその信頼を感じられなければ、トランジションが起こる可能性は低い。幸運なことに、そうした信頼は誰もが築くことができる。問題は、信頼を築くには時間がかかるということだ。だから、ぐずぐずしている暇はない。

信頼には二つの側面がある。一つは外面的な側面で、信頼の対象となる人物やグループとのかかわりがもとになっている。もう一つは内面的な側面で、自分自身の過去、特に子供の頃の経験がもとになっている。信頼のレベルは、この二つの側面によって異なる。外面的な側面はコントロールしやすいため、まずはそこから始めるといいだろう。その方法はあまりにシンプルで、説明する必要はないかもしれない。それは、「信頼できる人間になる」ということだ。

信頼性は、誰もが実行可能な行動によって高めることができる。

①やると決めたことをやる。実行できない、あるいはするつもりのない約束はしない。多くの場合、不信感は過去の信頼できない行動から生まれる。

②何らかの理由で約束が守れないときは、状況が明らかになった時点でそのことを伝え、約束したことが実行できない事情について説明する。

③他人の話をよく聞き、それに対する自分の考えを述べる。思い違いをしていたときは、指摘を受け入れ、誤りを訂正する。誰しも自分のことを理解してくれる人を信頼する。

④相手にとって何が大切かを理解し、その大切なものにかかわることをできる限り尊重する。誰しも自分の利益を守ろうとしてくれる人を信頼する。

⑤自分を偽ることなく表現する[3]。その人物を理解できないと、多くの場合、不信感を抱く。覚えておいてほしい。欠点を隠せばイメージアップはできるかもしれないが、結果的に相手の信頼を損ねてしまう。何が信頼できない行動かを認識していることが、信頼に値する行動だ。

⑥自分が信頼できる人間かどうか、周囲に意見を求める。たとえそれが予想外の意見であっても受

け入れる。どんな意見も価値のある情報と考え、じっくり検討する。意見は先入観にもとづいている可能性もあるため、すべてを受け入れる必要はない。だが、貴重な「半面の真理」として内容を吟味してみよう。

⑦自分が相手を信頼する以上に、相手に自分を信頼させようとしてはならない。自分が相手を信頼していないことは、それとなく相手に伝わるものだ。そういう態度は、自分に跳ね返ってくる。信頼は互いに信頼し合うことで成立する。そうでなければ、その信頼は表面的なものに終わってしまう。

⑧相手への信頼を一歩踏み込んだものにする。信頼されているという感覚は、私たちをより信頼に値する人間へと成長させる。そして信頼に値する人間は、より頼りがいのある人間となる。

⑨「信頼すること」と「親友になること」を混同してはいけない。友情を築く以外の目的で親友になろうとすることは、信頼できない態度である。そもそも、信頼は友情から自動的に得られるものではない。

⑩信頼づくりの取り組みがすんなり受け入れられなくても、驚いてはいけない。上司（特にあなた）に対する不信感を手放すよう周囲に促すことは、重大な（そして危うい感情を生む）トランジションを引き起こす。彼らの不信感は（それが正当なものかどうかは別として）、自己防衛意識の表れであって、そうした意識を簡単に手放す人はいないはずだ。

⑪ここまでのアドバイスが多すぎて覚えきれない、信頼を築くための重要なポイントを一つだけ知

りたいというのであれば、「真実を語る」ことをつねに胸に刻んでおこう。

「真実を話すなら、何も覚えておかなくていい」
マーク・トウェイン（アメリカの作家）

信頼（不信感）の内面的な側面――その発端は子供時代まで遡る――に対応するときも、同じアドバイスが当てはまる。だがもし、過去の経験が他者への不信感を強めるのだとしたら、行動が引き起こした不信感を払拭しようとするときよりも信頼獲得には時間がかかる。とはいえ、どんなに信頼できない人物に対しても、歩み寄ることはできる。不信感が続けば続くほど、トランジションへの対応もますます難しいものになってしまうだろう。

過去の重荷を下ろす

あなたが管理職なら、トランジションが始まったとき、過去の問題が再浮上したことに気づくかもしれない。その問題は、あなたが現職に就く以前に起こっていた問題かもしれない。きちんと処理されなかった二〇〇八年の一時解雇、契約更新時に反故にされた年金の約束、工場の閉鎖はないと繰り返されていた三年前の声明（結局、閉鎖が決まった）……。

そんなとき、あなたはこう言いたくなるかもしれない。「あの問題を蒸し返そうっていうのか？」「まさか、私を責めようっていうんじゃないだろうね？」。答えはもちろん「イエス」だ。トランジションは、組織の天気図における低気圧のようなもの。周囲に嵐や混乱を引き起こす――過去にそうだったように現在にも。トランジションが組織を〝減圧〟してしまうのだ。そのせいで、組織を守っていたバリアが弱まり、過去の不満がよみがえり、過去の傷がうずき始め、過去の亡霊が再び姿を現してしまう。

短期的な視点から見れば、こうした状況はすでに複雑化している現状をより複雑なものにしてしまう。しかし、長期的な視点から見れば、プラスの効果もある。トランジションは、効率や生産性を低下させる要因となった古傷を癒すチャンスである。リーダーが過去に嘘をついていたなら、いまこそ真実を話し、誠実さによって信頼を回復するチャンスである。従業員を冷遇していたというのなら、いまこそ彼らに礼節と公平さを持って接し、一般の従業員に対する思いやりや尊敬の念を大切に育んでいくときである。従業員の懸念を無視してきたというのなら、いまこそ彼らの意見に耳を傾けるときである。メンバーを大事にする組織へと変わるのに遅すぎることはない。だからこそ、古傷や未解決の問題は、組織にとっては貴重な贈り物で、組織を強くするチャンスを与えてくれるものなのだ。

「最も疑い深い人間が、最も信頼されない人間である」

メガラのテオグニス（ギリシャの詩人）

解決策ではなく、問題を理解させる

第3章でも述べたように、私たちは解決すべき重大な問題があると認識したとき、現状にそぐわない手順や時代遅れの価値観を手放すことに対して、さほど抵抗を感じなくなる。だが、何が問題かを理解させることは、古いやり方を手放させるのに役立つだけではない。変化が当たり前になった組織では、問題を理解させることがそれぞれの変化の必然性を理解させる唯一の方法なのである。では、問題を理解させることが絶え間ない変化の成功にどう貢献するのか、そのポイントを見てみよう。

①組織の真の問題を理解している人は、あらためて「情報」や「知識」を与えられなくても、自らの力で解決策を見つけることができる。急激な変化が起こっているときは、情報や知識を提供する余裕がない場合が多い。

②自分と周囲とで、問題の理解度に差があった場合には、すぐに対立が生じる。一方、全員が問題の重要性を認識していれば、立場に関係なく、一丸となって問題に立ち向かうことができる。こうした協力体制があるからこそ、組織は変化に瞬時に対応することができるのだ。

③全員が問題を理解していれば、問題の解決が早くなる傾向がある。また、どういった解決策が選択されても、メンバー共通のニーズを満たすものになる。なぜなら、そうしたニーズは問題解決の段階で明らかになるからだ。共通のニーズを反映していない解決策には説得力がない。
④問題を理解させようとすることで、誰もが問題の解決にかかわることになる。事実、「問題の解決にかかわりたければ問題にかかわることだ。そうでないなら、文句を言う資格はない」。

とはいえ、激しい変化が起こっているときに、全員を問題にかかわらせようとするなど、時間の浪費だと思うかもしれない。現実的に見て、権威主義的な統制や精神というものは、物事を進めるのに時間がかかる。利己心の対立を乗り越え、意に沿わぬ変化を押しつけられたと考える人をやる気にさせ、問題が何かさえもわかっていない人と議論する時間が必要だからだ。問題を理解させることは、実のところ、組織のトランジション――あるいは、絶え間ない変化が続くこの世界そのもの――に備えることによって、将来の利益を見越した投資をしていることになるのである。

絶え間ない変化に対応するもう一つの鍵：チャレンジ＆レスポンス

今日、競争力や戦略や勝利といった言葉を耳にすることが多くなった。私たちの社会のようなスポーツ志向の社会では、人はそうした言葉に反応しやすい――かつてはトップに立っていた分野で後れを取っているときなどは、余計にそうだ。だが物事をスポーツにたとえると、大きな誤解を招く恐れがある。スポーツなら、ルールに沿って進むゲームのなかで対戦相手を打ち負かすことで勝者が決まる。優秀な人材やトレーニング体制、戦略の揃った優秀なチームであれば、勝利を手にすることができる。

だが現実には、絶え間ない変化のなかに最終スコアなど存在しない。私たちが「勝利」と呼んでいるものは、実際にはゲームの序盤で決まる。それに、現実の勝利は、対戦相手を打ち負かそうとしている組織ではなく、競争よりも環境を整えることに力を注いでいる組織が手にすることになる。いまだかつてない変化の時代にあって、競争ばかりを気にするのは賢明とは言えない。競争ではなく急速な変化に乗じることが、今日の組織が発展する道なのである。これは個々の部署やプロジェクトチームに限った話ではなく、組織全体に当てはまることである。

変化に乗じるために重要なポイントがいくつかある。一つは、「チャレンジ&レスポンス」のサイクルを理解し、利用するということだ。歴史学者のアーノルド・J・トインビーは、著書『歴史の研究』のなかで、優れた組織は、その長所に頼るのではなく短所をチャレンジ（挑戦）ととらえて、そのチャレンジに独自のやり方でレスポンス（応戦）することで成長するという理論を展開している。

トインビーは、古代ギリシャを例にとっている。ギリシャが古代において勢力を拡大したのは、土壌の劣化が起こってからである。農業国家にとって致命的な問題に直面した古代ギリシャは、ただ国家が崩壊するのを待つのではなく、問題にチャレンジし、当時の世界経済に積極的に参画する新たな方法を模索することにした。彼ら独自のレスポンスは、オリーブ（畑作作物と比べて地下水位のより低い土地で育つ）の栽培へと転換することだった。古代ギリシャは、オリーブオイルの輸出によって、自国の経済を立て直した。この変化は、オイルを輸送するための海運力や、輸送用の壺を製造する陶器産業、交易にともなう取引で用いる通貨を製造するための鉱業を発展させるという、さらなるチャレンジを引き起こした。社会や経済では、つねに新たなレスポンスが新たなチャレンジを生んでいる［４］。

シリアスなものからコミカルなものまで、テレビドラマにはさまざまなジャンルがあるが、今日「シットコム」と呼ばれているものは、もとはと言えば『アイ・ラブ・ルーシー』という番組から始まった。『アイ・ラブ・ルーシー』は、それ自体がチャレンジに対するレスポンスであり、レスポンスに積極的ではなかった出演者の運命までも変えてしまった。当時、コメディ番組はニューヨークで撮影され、そこから全米各地の中継局へと配信されていたが、ルシル・ボールとデジ・アナーズはニューヨークに移り住むことを嫌がった。そこで彼らは、ロサンゼルスのスタジオで三五ミリのフィルムでドラマを撮影し、映画を配信するようにCBS系列のテレビ局で放映することにした。このレスポンスは成功しただけでなく、テレビ番組のネットワーク配信のやり方まで変えてしまった。また、テレビ番組の再放送の可能性をも（良い意味でも悪い意味でも）広げたのである。当時、テレビ番組の撮影に使用していたキネスコープより映画のフィルムのほうが品質を長期間保つことができたからだ。

古代ギリシャや『アイ・ラブ・ルーシー』の例が言おうとしているのは、競争が無駄だということではない。ゲームの展開がさほど急激ではないときは、競争が重要な要素になることもある。だが、ビジネスや産業が大きな変化に直面しているとき（そうした変化に直面していないビジネスや産業はないだろうが）、競争ばかりを気にしていては、真のチャレンジ（つまり、変化に乗じること）が見えなくなってしまう。今日の市場において競争者とシェアを争うことは、タイタニック号の上でデッキチェアを奪い合うようなものだ。

管理職にとって、チャレンジ&レスポンスの手法を使って変化に対応することは、さらなる利点がある。立場に関係なく、この手法は役に立つ。もちろん、組織のトップにとってもだ。リーダーはチャレンジに直面したとき、レスポンスの方法を考える。それは、新たな製品の開発や新たな顧客層の開拓かもしれない。そして、そのレスポンスは、結果的に上級管理職にとってのチャレンジとなる。「組織の新たな方針に沿うよう、部署の目的やアイデンティティをどう再定義すればよいのか？」。それがどういう方法にせよ、上級管理職のレスポンスが、中間管理職のチャレンジとなる。「部署の新たな目的に貢献するためには、仕事への取り組み方をどう変えていけばよいのだろうか？」。この問題に対する中間管理職の独自のレスポンスは、監督者にとってのチャレンジとなり、それがチームレベルのレスポンスを生み、個々の従業員がチャレンジとして向き合い、製造やサービスの現場における独自のレスポンスへとつながっていく。

こうした連鎖的なチャレンジ&レスポンスは、管理職や監督者、あるいは個々の従業員が、自分の仕事を上からの命令に従っているだけだと考えているときに抱く消極性という障害を打ち破ってくれる。絶え間ない変化が続く現代において、組織のメンバーはその立場に関係なく、この状況をチャレンジととらえ、従順さではなくレスポンスを追及していくべきである。そうすれば、誰かが決定を下すのをじっと待ち、その決定に従って疑いもなく行動する〝権力の犠牲者〟ではなくなる。チャレンジ&レスポンスは、立場に関係なく、自分が物事をコントロールしているという感覚や目的意識を取りもどさせてくれるのだ。

さらに、図らずもこのアプローチは、二〇〇〇年以上前のギリシャでもそうだったように、競争相手を圧倒することさえできるのだ。

最後の鍵：組織のトランジションへの対応力を高める

組織向けトランジションマネジメントのワークショップを行うとき、私は参加者に誕生日の順番で円になって並んでもらい、その新しい配列から、彼らを小さなグループに分けている。このとき、二つのことが明らかになる。一つは、私たちはトランジション（元いた場所を離れ、ニュートラルゾーンのなかを歩きまわり、新しい場所に落ち着く）を体験しているとき、自分を一人の人間として見るだけでなく、グループ全体を見渡す視点も持っているということだ。このグループ分けは、トランジションの段階を実体験する機会にもなっている。

もう一つは、グループの大きさやワークショップを行っている部屋のレイアウトが、新しい場所への落ち着きやすさに影響を与えるということだ。椅子の並べ方が固定されていた場合（講堂のように）には、元いた場所から別の場所への移動にはかなりの時間がかかる。座席と壁の距離が近すぎても、やはり時間がかかる。また、グループが大きいほど人の動きが複雑になるため、小さいグループに比べてグループ分けに時間がかかる。

こうしたことを理解すれば、組織のなかでトランジションを難しくしているのはどういう状態なのかを説明できるようになる。長期にわたって特定の業務に携わってきた人は、職務変更をともなう組織改革を受け入れるには時間がかかるだろう。他のメンバーと触れ合う機会が少なかった人も、変化をすぐには受け入れられないだろう。トランジションを難しくする方針や方策がある一方で、トランジションの混乱や困難を和らげる方針や方策（配置換えや定期的な異動や機能横断型チームの普及など）もあるのだ。

どんなに荒れた海でも浮かんでいられる船なら「航海に適した船」と呼ばれるが、沈んでしまうなら「航海に向かない船」となる。それと同様、組織も、方針、構造、役割、資質、文化、歴史、さらにはリーダーシップが、トランジションへの対応を助けるか、それとも妨げるかによって、「トランジションに向いた組織」と呼ばれるか「トランジションに向かない組織」と呼ばれるかが決まるのである。

話が大きすぎて結局どうすればいいのかよくわからないと思うかもしれない。そんなときは、組織のために働いてくれている人たちに、古いやり方を手放し、「ニュートラルゾーン」の困難を乗り越え、「新たな始まり」を確かなものにするためには、どんな環境や取り決めが役に立つか、あるいは妨げになるかを尋ねてみてほしい。彼らはきっと答えてくれるだろう。他人の意見をよく聞いて、組織をトランジションに強い組織にするためにあなたができることを実行していけば、成果は必ず得られるはずだ。絶え間ない変化について一つ言えることがあるとしたら、それは、終わりがないということだ。取り組むべき課題はいつもそこにある。

【「絶え間ない変化に対応する」チェックリスト】

□現代社会において、「絶え間ない変化」は避けられないことを理解しているか？　それとも、まだ受け入れられないか？

□一つの変化から別の変化へ、あるいは「終わり」から「始まり」へと移動するための、効果的なトランジションマネジメントの戦略がまとめられているか？

□トランジションを意味のあるものにするための大きなイメージを、頭のなかに描けているか？

□まだイメージを描けていないとしたら、「点と点をつなぐ」、あるいはこれから向かおうとしている「章の終わり」を見定めることによって、自分自身や組織のためにイメージを作ろうと努力しているか？

□誰もが大きなトランジションに苦しんでいるときに、余計な、あるいは無関係な変化を起こさないよう配慮できているか？

□誰かが予想した特定の未来に執着することがないよう注意しているか？

□寿命が近づいてきた方針や体制や構造などを見極め、代替案が検討できるよう、ライフ・サイクルの予想をしている（あるいは誰かに任せている）か？

□「逆張り投資」の側面も持った計画となるよう、変化マネジメント計画には最悪のケースが含まれているか？

□トランジションを計画することやトランジションに対応することを、「偶発的な変化」ではなく「いつもの変化」ととらえ、周囲にもそう意識するよう促せているか？

□現状は、連続的な変化のなかの一時的かつ便宜的な停滞だと心から思えているか？

□変化は組織の本質的な連続性を維持する最善の方法であると、周囲に伝えられているか？

□組織の目的を明らかにし、部下たちがそれぞれの立場で自分の目的を見いだせるようサポートできているか？

□組織の目的と各チームが達成しようとしている目標との区別ができているか？

□目的に思い入れはあるか？　それとも、ただ言葉にしているだけか？

□過去の重荷を下ろし、古傷を癒し、未解決の問題を解決するために、力を尽くせているか？

□普段から、組織の問題を周囲に理解させることを心がけているか？

□組織の置かれた状況を、独自のレスポンスが求められるチャンスととらえているか？　周囲にも、そうした考えを強調できているか？

□トランジション（特に、大きな変化にともなうトランジション）を助ける、あるいは妨げるものは何か、情報を集められているか？　その情報を、組織の方針、構造、役割、資質、文化をトランジションに適したものにするために活用できているか？

- 信頼関係を築けるよう、次のことに積極的に取り組めているか？

□やると言ったことを、きちんと実行しているか？

□他人の話に耳を傾け、自分の理解が正しいかどうかを相手に確認しているか？

□相手にとって何が大切かを理解し、それにかかわることはできる限り尊重するよう、努力しているか？

□自分を偽ることなく表現できているか？（その正直さを敵意の隠れ蓑にしていないか？）

□自分の信頼性について、周囲に意見を求め、たとえその意見が予期せぬものだったとしても、素直に受け入れられているか？

□自分が相手を信頼する以上に、相手に自分を信頼させようとしていないか？

□相手への信頼を、一歩踏み込んだものにできているか？

□「親友になること」と信頼されることを混同していないか？

□信頼づくりの取り組みに疑いの目が向けられても、驚かずにいられるか？

□真実を語ることをつねに胸に刻んでいるか？

最後の質問

組織が直面している絶え間ない変化に対して人々が効果的に対処できるよう、あなたはどのような行動を起こすべきだろうか？　この課題を達成するために、いますぐ着手できることはないだろうか？

第Ⅳ部　結論

第8章　模擬事例

「ミスはそこにあり、指されるのを待っている」

S・A・タルタコワ（ロシアのチェス・マスター。ゲーム開始時、チェス盤を前にしたときの心境を語って）

第2章では、「個々の貢献者」たちを「サービス・チーム」へと変えようとしているソフトウェア企業を例にして、実践問題に挑戦してもらった。本章ではまた別の例を紹介するので、ここまでに学んだ知識を応用できるか試してみてほしい。

あなたは、四〇〇〇人規模の従業員を有し、かつては業界（特定の小型ガソリン車の製造）のトップランナーだったアペックス・マニュファクチュアリング社で働いている。アペックスは、国内の競合企業二社（アペックスの元社員により設立された）とともに、この分野の世界市場を席巻していた。

しかし、アジアの企業二社とドイツの企業一社が業界に参入し、国内の競合他社も多額の資金を投入して、新工場や新設備を導入した。また、政府が新たな騒音防止基準を打ち出し、アペックスに排気システムの再設計を命じたことで、状況はさらに厳しいものとなった。競合他社は、新基準への移行を予想していたらしく、それを反映した新たな製品を開発した。だが、あなたの会社は何の予想もしていなかったため、経費のかかる設計変更を余儀なくされた。昨年初めまでに、アペックスの世界シェアは四三パーセントまで落ち込み、その数値はさらに下がり続けている。

工場の稼働停止や従業員の一時解雇が迫っているという噂が流れ始めたが、つい一週間前、ウォール・ストリート・ジャーナル紙に、ＣＥＯの「アペックスは定年退職等による自然減のみで人員削減に対応し、来年末までに売上高の大幅増加を見込んでいる」というコメントが掲載されたばかりだった。彼はこうも言っていた。「われわれは、一時的な悪循環に陥っているだけ。二年以内には、世界シェアを五〇パーセントまで回復できるはずだ」

しかし、昨日の朝、人事部長から、午後の会議に出席するように、というメールが届いた。会議に向かうと、そこにはチームリーダーから部長クラスまで、社内でも人望を集めている管理職が大勢集まっていた。人事部長は、経営陣によっていくつかの決定がなされたと簡潔に述べた。

最初に、五つある工場のうちの二つが閉鎖されることが発表された。それにより、製造部門の人員の三分の一に当たる、九〇〇人の正規従業員と、一〇〇人の非正規従業員が影響を受けることになる。複数の要素がからんでいることから、状況は複雑化していた。閉鎖が決まった二つの工場は、アペックスの工場のなかでも最新の設備を誇り、最も業績をあげている製造ラインだったのだ。立地の問題で経費がかさんだことが閉鎖対象として選ばれた要因だった。二つの工場は、ほかの工場が閉鎖による製造不足を補えるようになるまでに、最低でも八カ月は製造を続けなければならなかった。

次に、会社全体で人員を二〇パーセント（八〇〇人に及ぶ）削減するという通告がなされた。すべての部署が人員削減の対象とされたが、部署別の削減目標は決まっていなかった。また、早期退職の規定もなかった。閉鎖予定の二工場で働く雇用者一〇〇〇人のうち、何人を解雇するのかさえ明らかではなかったのだ。彼らの多くはベテランで、製造部門の部門長が、別の工場あるいは部署に異動させたいと考えている人材だった。

「ほかにも多くの問題があります」と人事部長は言った。「そこで、みなさんを『トランジションマネジメント・アドバイサリー・グループ』のメンバーとします。経営陣は、組織にとって必要なこと、つまり人員削減と工場閉鎖を決定しました。その目標をどのように達成するか、それを一緒に考えていただきたいのです。特に、みなさんには工場閉鎖の発表方法や実施計画、人員削減の進め方について、検討を進めていただきたいのです」

そして人事部長は、こう続けた。「明日一日かけて全員で話し合いたいと思います。予定はすべてキャンセルしてください。今週末までに、試案をまとめて経営陣に提出しなければなりません。詳細な案でなくてもいいのですが、私たちが取り組むべき問題の概要と、問題の対処方法についての提案を盛り込む必要があります。社員全員がトランジションを乗り越えられるように、意思伝達や研修の方法、新しい方針や取り決めといったことを試案にまとめたいと考えています」

そう言うと、人事部長はトランジションマネジメントに関する、自身の懸念をまとめた文書を配布した。

①アペックスは過去二〇年間、一時解雇を実施していない。だがこの二〇年間は、組織の成長期であった。

②閉鎖予定の二工場で働く従業員一〇〇〇人のなかには、非常に高い技術を持った、組織が手放したくない人材も含まれている。

③経営陣は、「公平性を保つ」という理由から、全社横断的な人員削減を強く望んでいる。しかし、社内には、人員に余裕がある部署がある一方で、すでに深刻な人員不足が生じている部署もあるという懸念を持っている人がたくさんいる（私も含めて）。

④従業員の間には、「役員たちは多額の給料を受け取っておきながら、自分たちが先頭に立って会社の難局に立ち向かおうとしていない」という認識が広がっているようだ。

⑤従業員に対する工場閉鎖と人員削減の概要発表は、明日メールで行われる予定。メールの内容は次の通り。

宛先：全従業員

差出人：Ｒ・Ｅ・オーウェン（代表取締役社長兼ＣＥＯ）

件名：収益回復に向けた措置について

海外の競合他社は、自国政府の融資を受けて製品を製造し、アメリカ市場にダンピングを行ってきました。彼らによって奪われた市場シェアを回復するため、経営陣は、製造業務をワシントン、サンノゼ、リトルロックの三工場に集約することを決定しました。スティーブンス・ミルズ、グランドビューの二工場は、八カ月あるいは九カ月後に操業を停止します。工場閉鎖と合わせて、先般四〇〇〇人に到達した従業員数を三二〇〇人規模に縮小します。この規模を保ち、なおかつ経費を抑制できれば、収益性を維持することができるでしょう。経費抑制の観点から、上級管理職から個別に承認を受けた場合を除き、物品の発注は控えるよう、みなさんにお願いします。

アペックスはつねに高い理想を掲げてきましたが、近年、多くの従業員が、株主のために利益を生み出さなければならないという使命を忘れてしまっているようです。ここでわれわれが、経費を削減し、少しのエネルギーで多くのものを生み出すことができれば、業績を黒字に戻すだけでなく、油断している間に失うことになった市場シェアを回復することもできるはずです。

工場閉鎖と一時解雇について、詳細が決まり次第、追って通知を行います。それまでは、みなさんの努力と忠誠心に引き続き期待しています。

代表取締役社長兼CEO　R・E・オーウェン

最後に、人事部長はこう言った。「私たちは窮地に立たされています。正直なところ、経営陣がみな状況の深刻さを理解しているかどうかはわかりません。みなさんには、この問題に対して人間的な側面に配慮して対処する方法を一緒に考えていただきたいのです。従業員に方針を一方的に押しつけて、『あとは自分で何とかするように』というやり方ではなく、別のやり方があるということを一緒に証明していただきたいのです。

まず、自分のオフィスに戻り、今日から数日間、時間を確保できるようスケジュールを調整してください。それが終わったら、経営陣が個々に打ち出した提案のリストに目を通し、それぞれに対して五段階で評価を行ってください。その結果を、明日午前中の会議で検討して、問題解決への最初の一歩を決定しましょう。では、オフィスに戻って、会議の予定を延期するかキャンセルするかして、提案の評価に取りかかってください」

（読者のみなさんも、ここで問題に取り組んでほしい。評価は最初から順番に一つずつ行うこと）

1＝きわめて有益。いますぐ実行に移すべき
2＝行う価値はあるが、慎重に行う必要がある。まずは計画を立てることから始めるべき
3＝どちらとも言えない。やり方による
4＝あまり有益とは言えない。無駄な努力に終わる可能性もある
5＝絶対に実行すべきでない

- 概要発表のメール送信を中止し、一時解雇や工場閉鎖の詳細が決まるまで一切の情報発信を控える。
- 概要発表のメールを、従業員に与える影響にもっと配慮した内容に書き換える。
- 業務統合の効果的な方法を提案し、スティーブンス・ミルズ、グランドビューの各工場で勤務する一〇〇〇人の従業員の異動を決定するために、「製造部門再編特別チーム」を設置する。
- 人員削減に対する意見提案制度を設け、人員削減の方法について意見を募る。
- 変化を引き起こす要因となった問題は何か、それをみなに理解させる。
- CEOを解任する。彼は信頼を失っているからだ。
- 現場監督や責任者たちを集めて全体説明会を開く。そこで、自由な質疑応答の時間を設ける。状況を打開するにはこれが最も良い方法だと誰もが納得するまで、説明を続ける。
- 問題とその解決策をまとめた動画資料を作成する。各現場で全員参加の会議を開き、現場の責任者が質疑応答に対応する。
- 従業員に最新かつ確実な情報を提供する社内サイトを設置する。
- 経営陣に一年間、各自の給与の二〇パーセントカットを承諾させる。
- 社内の全部署に予算の二〇パーセントカットを通告する。
- 従業員からの経費削減案の提案に対する報酬プログラムを設定する。
- 二工場の閉鎖記念式典を計画する。

- 会社がニュートラルゾーンを経験しているこの時期を、ビジネス全体（戦略、雇用、方針、構造）を見直す機会として利用する。
- 企業として市況への対応が遅れたことについて、ＣＥＯ自らが公式声明を発表する。
- これからしばらくの間、会社が変化の時期を迎えることを、従業員に率直に伝える。
- 変化を起こす目的を説明し、変化のイメージや計画を伝え、この変化のなかで各自が果たす役割を明確にする。
- この計画は二年かけて進めてきた計画であって、決して組織の弱さの表れではなく、一年もすれば結果が出るはずだといった前向きなプレス・リリースを発信する。
- 大きな変化は二工場の閉鎖だけだということを約束して、従業員たちの不安を和らげる。
- 変化によって立場が危うくなる、あるいは職を失う従業員に対し、キャリア相談の場を設ける。
- 従業員が明確な目標を持てるよう、来期に向けて新たな、より高い生産目標を設定する。たとえ目標に到達できなくても、高い目標を目指すことにより、十分な生産高が見込める。
- ＣＥＯが組織のスリム化について情熱的に語っている姿を撮影し、配信する。
- 変化によって誰が何を失うのかを分析する。
- 新制度の遵守を奨励するため、報酬体系を見直す。
- 組織のトランジションやその影響について、ＣＥＯが意見をまとめるのをサポートする。その見解には、従業員への理解と思いやりが示されていなければならない。

- スティーブンス・ミルズとグランドビューの二工場、そして変化の影響が特に大きい部署に、トランジション・モニタリング・チームを設置する。
- チェンジ・マネージャーを選任し、変化がスムーズに進んでいるかをチェックさせる。
- 「われわれはナンバーワン！」とプリントされたTシャツを全員に支給する。
- 管理職全員に品質改善研修を受けさせる。
- 経営陣を刷新し、CEOの役割を「経営チームのコーディネーター」に定義し直す。
- 管理職全員に、変化が心理面に及ぼす影響を学ぶ、数時間程度の研修を受けさせる。
- 拠点ごとに、全員参加のイベント（ピクニック、遠足、夕食会など）を計画する。
- 市場シェア獲得のため、国内の競合他社のうち、最も小規模な企業を買収する計画を策定し、計画推進のための調査開発チームを立ちあげる。
- ニュートラルゾーンを〝正常化〟する方法や、ニュートラルゾーンが組織と従業員の両方にとって思っている以上に価値あるものだということを明確に伝える方法を考える。

第2章と同様に、ここで述べていることが〝正しい〟答えというわけではない。変化におけるトランジションのさまざまな側面を見逃すことがないよう、問題を提起するものである。

【カテゴリー1】きわめて有益。いますぐ実行に移すべき

概要発表のメールを、従業員に与える影響にもっと配慮した内容に書き換える

原案のまま送信すると、悲惨な結果を招きかねない（複数の拠点を持つ組織では難しいかもしれないが、全員参加の会議が開催できる場合には、メールという手段はこうした情報を伝えるのに最適な方法ではない）。原案では、現状に対するリーダーの責任が一切触れられておらず、従業員の努力不足であるような印象を残してしまう。以下で取りあげる方法を見れば、こうした公式発表には改善の余地があることがわかるだろう。だがどの方法も、まず「従業員に与える影響に配慮する」ことを意識しなければならない。

企業として市況への対応が遅れたことについて、CEO自らが公式声明を発表する

どんな声明を発表するにせよ、ＣＥＯの信頼性はすでに損なわれている。つい一週間前、ウォール・ストリート・ジャーナル紙の記者に、「すべてうまくいっている」と話したばかりなのだから。こうした信頼性の問題には自らすばやく対応すること、そして、過去の過ちの責任を取ることが大切なのだ。

これからしばらくの間、会社が変化の時期を迎えることを、従業員に率直に伝える

　これは、信頼性の回復に向けた次の一歩となる。人々を「安心」させる言葉には魅力があり、安心させたいがために適当なことを言ってしまうこともある。だが、それは極めて危険な行動だ。そうした言葉の効果は長続きせず、偽りの安心感を与えられたことに対する不信感だけがいつまでも残ることになるからだ。

変化を引き起こす要因となった問題は何か、それをみなに理解させる

　これを実行するためには、まずＣＥＯに、トランジションの問題を理解してもらう必要がある。ＣＥＯが問題を受け入れていなければ、解決策（これから実際に何が起ころうとしているのかを率直に語る）を受け入れることもできないからだ。そして問題をみんなに理解させることができなければ、これから行おうとしている改革を理解させることもできないだろう。

組織のトランジションやその影響について、ＣＥＯが意見をまとめるのをサポートする。その見解には、従業員への理解と思いやりが示されていなければならない

　もちろん、この提案は、ＣＥＯが組織のトランジションについて理解していることが前提となる。メッセージを社内に浸透させるために、外部の人間の助けを借りて、メッセージをインパクトのあるものにする必要があるかもしれない。現実から長い間、目を背けてきた組織では、内部からの警鐘は聞こえにくくなっている。ＣＥＯがトランジションの問題点を理解し、それを率直に語ることによって、トランジションマネジメントへの取り組み全体が前向きなものに変わるはずだ。最悪の結果を避けるためには、この提案の実行は不可欠である。

現場監督や責任者たちを集めて、全体説明会を開く。そこで、自由な質疑応答の時間を設ける。状況を打開するにはこれが最も良い方法だと誰もが納得するまで、説明を続ける

現場監督や責任者たちは、これから現場でさまざまな質問に答えていかなければならない。彼らには、「正しいことをしている」という確信が必要である。やろうとしていることを心から信じられるなら、それを他人に勧めることもできるからだ。

その確信がないなら、現場で混乱が起こるだろう。いますぐ彼らを集め、真実（当面の間、現場では伏せておくべき情報も含め）を伝え、知りたいことを自由に質問する機会を提供しよう。彼らに対しては、事実を率直に、かつ早急に伝えることが大切である。

問題とその解決策をまとめた動画資料を作成する。各現場で全員参加の会議を開き、現場の責任者が質疑応答に対応する

この提案は準備にやや時間がかかるため、カテゴリー２に属すべきものかもしれない。しかし、ＣＥＯ（あるいは経営陣）が問題とその解決策を口頭で説明するといったシンプルな形式であれば、動画作成にさほど時間はかからないだろう。こうした動画は、メールでは不十分なコミュニケーシヨンを補い、リーダーとのコミュニケーションの場（あるいはそれに近いもの）を提供する手段にもなる。

チェンジ・マネージャーを選任し、変化がスムーズに進んでいるかをチェックさせる

現時点でどんな変化が起こるか明らかになっていなくても、この先、変化がさまざまな部署の（あるいは部署に関係なく）職務に影響を及ぼすことは間違いないだろう。だからこそ、状況を監視する人物が必要なのだ。チェンジ・マネージャーは、通常の権限系統とは切り離して任命する必要がある。すでに役職に就いている人物をチェンジ・マネージャーに任じるときは、その人物の現在の業務を軽減する方法を考えなければならない。あるいは、通常業務を完全に離れ、一定期間チェンジ・マネージャーの仕事に専念することができる人物を選ぶべきである。ここで忘れてはならないのは、チェンジ・マネージャーとは、監視役あるいは調整役であって、誰かのボスではないということだ。

スティーブンス・ミルズとグランドビューの二工場、さらに変化の影響が特に大きい部署に、トランジション・モニタリング・チームを設置する

リーダーは、下から上への意思伝達の経路を新たに、かつ早急に設ける必要がある。ＴＭＴはその目標を達成することができる最も簡単な方法である。だが、ただ座って話を聞くだけでは意味が

ない。ＴＭＴのメンバーと対話し、アイデアを提案し、アドバイスを求め（必要なら反論し）、彼らの意見を実行に移さなければならない。行動がともなわなければ、ＴＭＴはすぐさま「見かけ倒し」というレッテルを貼られてしまうだろう。

【カテゴリー２】行う価値はあるが、慎重に行う必要がある。まずは計画を立てることから始めるべき

変化を起こす目的を説明し、変化のイメージや計画を伝え、この変化のなかで各自が果たす役割を明確にする

この提案は、トランジションマネジメントのまさに核心をなすものだが、いますぐすべてを実行するのは不可能である。目的（変化の理由）について語ることはできても、組織がどう変化するかについては現時点では大まかなイメージしかつかめず、計画についても、最初の数段階を示すに留まるだろう。「四つのＰ」は、計画の立案を担当するチームの課題だが、変化を成功に導くためには細部にわたる検討が必要であり、それには何カ月もかかるはずだ。それに、トランジションマネジメントにおいては、最初に「終わり」と「ニュートラルゾーン」を乗り越えることを考えるべきである。

変化によって誰が何を失うのかを分析する

この提案も、取り組むべき重要な課題ではあるが、やはり答えを出すのに時間がかかる。変化は一度きりの取り組みではなく、大きな計画の一環として、さまざまな変化を検討し、実行していくなかで、習慣的に考えていくべき問題である（まず手始めに、「市況への対応の著しい遅れ」を認めることで、ＣＥＯが失うものを考えてみるとよいだろう。その喪失が、効果的なリーダーシップを発揮する妨げにならないよう、「手放す」方法を見つけなければならない）。

管理職全員に、変化が心理面に及ぼす影響を学ぶ、数時間程度の研修を受けさせる

誰が何を失うかを見極めることは、管理職が何においても身につけるべきトランジションマネジメント戦略である。変化の初期に研修を実施することは、変化によって何かを失ったことを自覚し、「悲嘆」は正常な反応であって、怒りや抑うつといった感情（そうした感情は「士気の乱れ」と間違われやすく、処罰の対象になることもある）をともなうということを理解するうえで非常に効果的な方法である。

従業員に最新かつ確実な情報を提供する社内サイトを設置する

正確な、そして信頼できる情報をすばやく提供することは非常に重要であるため、この提案はカテゴリー1に含めてもよいかもしれない。しかし、求められる答えを提供し、質問を適切に取り扱

い、質問者がきちんと回答を受け取ることのできる信頼性の高いシステムを構築するまでは、サイトを設置するべきではない。答えより質問のほうが多いコミュニケーションは健全とは言えない。

業務統合の効果的な方法を提案し、スティーブンス・ミルズ、グランドビューの各工場で勤務する一〇〇〇人の従業員の異動を決定するために、「製造部門再編特別チーム」を設置する

アペックスが直面している問題は、複数の工場の閉鎖と、八〇〇人の余剰人員の解雇だけではない。だが、こうした変化はあまりに重大であるため、どうやって実行するかに頭を悩ませているうちに、時代遅れの体制を維持しようとしたことが変化を招いた、という理由を忘れてしまいがちになる。それが一番危険である。アペックスがかつての勢いを取り戻すためには、製造部門の再編成は不可欠だ。再編成は大規模な変化であるため、問題の当事者によって、計画は立てられるべきである。従って、特別チームは、製造部門のなかで変化に最も批判的な意見を持つ者と、現在指揮権限を持っている者とで構成されるべきである。外部の専門家の協力も必要だが、たとえ専門家であっても、彼らに代わって決断を下すことはできない。

変化によって立場が危うくなる、あるいは職を失う従業員に対し、キャリア相談の場を設ける

工場閉鎖で職場を追われる一〇〇〇人は、キャリアにおける壁に直面している。この先のキャリアを見直すためにはサポートが必要となる。今後確実に起こるはずの組織全体の再編のなかでその職を追われる従業員も同じである。彼らにキャリア支援を提供すれば、それが会社を去る人間なら、ほかの仕事を見つける手助けをしてくれた組織に良い感情を抱くだろうし、会社に残る人間であったとしても、社内での方向転換を援助してくれた組織に感謝するだろう。だが、そうした支援を怠った場合には、去る者は憤慨してことあるごとに組織を批判することになり、留まる者も、組織に対して怒りと失望感を抱き、今後の事業展開を邪魔しようとするかもしれない。

二工場の閉鎖記念式典を計画する

多くの従業員にとって、この二つの工場は「家」であり「世界」だった。彼らは自分たちの世界から旅立つ方法を見つけなければならない。「葬儀」や「通夜」の儀式を行ったり、独自の閉鎖式を開催したりする組織もある。どんな式典を行うかということよりも、閉鎖によって直接影響を受ける人々の代表者が式典を計画し、実行することが重要である。計画には少し時間がかかるだろうが、計画というプロセス自体に〝治療効果〟がある。まずは計画を立てよう。

従業員からの経費削減案の提案に対する報酬プログラムを設定する

アペックスが直面している問題は経費削減だけではないが、節約が問題解決への重要な一歩であることは間違いない。従業員から意見を募るのも有効な手段である。未活用のアイデアを引き出すだけでなく、節約に対する意識を高めることにもつながる。解決策を押しつけられるのではなく、従業員自らが解決策を見いだすのである（従業員に、節約を少しだけ体験させてみるのもよいだろう。痛みの共有が利益の共有につながる）。

ニュートラルゾーンを〝正常化〟する方法や、ニュートラルゾーンが組織と従業員の両方にとって思っている以上に価値あるものだということを明確に伝える方法を考える

まず「終わり」に対処することが肝心だが、「ニュートラルゾーン」の長い道のりについても考え始めるべきである。過去のアペックスから理想のアペックスに生まれ変わるまでには、数年という時間を要するだろう。状況が複雑で不安定なとき、私たちは自分の抱いている恐れをニュートラルゾーンに投影してしまう。ニュートラルゾーンがなぜ落ち着かない場所なのか、その理由を誰もが理解していなければならない。そのために、わかりやすい比喩を考える必要があるだろう。「沈みかかった船」と「最後の航海」の対比を思い出してほしい。「最後の航海」という言葉は、自分自身や組織を取り巻く状況を打開する可能性を表現している。一方、「沈みかかった船」という言葉が表現しているのは、可能性ではなく、単なる恐怖である。

会社がニュートラルゾーンを経験しているこの時期を、ビジネス全体（戦略、雇用、方針、構造）を見直す機会として利用する

この提案は、アペックスが直面している危機的状況のなかにチャンスを見いだすことである。かつては業界を席巻し、今日厳しい立場に立たされているアペックスが、勝者として再び返り咲くチャンス（現状からして、おそらく最後のチャンス）である。みんなが関心を寄せていて、変化が必要だという結論も出ている。いまこそ行動を開始し、組織の活性化に向けて、組織の再編を実行すべきなのだ。この試みには長い時間がかかるため、始めるなら早いほうがよい。組織の再設計に取り組むなかから組織の新しい姿が浮かんでくるはずだ。そうしたイメージがなければ、戦略も計画もなしに、盤の上でいたずらに駒を動かしているだけに終わってしまう。

【カテゴリー3】どちらとも言えない。やり方による

社内の全部署に予算の二〇パーセントカットを通告する

非常に大きな削減になるため、決定を一方的に通告するだけでは、悲惨な結果に終わるだろう。組織を別の組織へと完全に生まれ変わらせるなら、これまでの五分の四の予算で、現在の生産高を維持、あるいは増加させることもできるかもしれない。しかし、元の組織の体裁を残したまま、予算を五分の一削減して、以前と同じ生産高を維持しようとしても無理な話である。それでもなお、目標値として二〇パーセントという数値を掲げることには意味がある。各部署はこの数値を指針として利用し、たとえば一〇パーセントの予算削減を打ち出すことができるかもしれない。残りの一〇パーセントは、生産性の低い業務や、高額のアウトソーシングを見直すことで、削減できる可

能性があるだろう。

経営陣に一年間、各自の報酬の二〇パーセントカットを承諾させる

この提案はメリットが大きい。人々の心をとらえるとともに、上層部も事態を深刻にとらえていることを従業員に伝えるメッセージとなる。だが独断で実行した場合、報酬をカットされた当事者たちは反発し、反感を抱いたまま組織改革を率いていかなければならなくなる。役員に報酬カットは強要できない。役員自身が状況の厳しさに気づき、印象的で象徴的な行動を起こす必要性を理解していなければならない。自分たちの不当に高い報酬が従業員たちの信頼を失う要因になっているという実感が必要かもしれない。問題は、こうした考え方を素直に受け入れる役員はいないということだ。目先の利益を追うなかで、組織を復興に導く長期的な利益が見えなくなっているのだ。こういった問題に対処するには、外部の人間の力を借りるとよいだろう。

拠点ごとに、全員参加のイベント（ピクニック、遠足、夕食会など）を計画する

ニュートラルゾーンでは、こうしたイベントを開くことで、喪失体験で失われた連帯感を取りもどし、混乱を沈めることができるだろう。しかし、イベントはタイミングを見計らって行う必要がある。タイミングを誤ると、イベントは単なる「パンとサーカス（かつて後期ローマ帝国の皇帝は、不安定な民衆の気をそらし、不満の声を静めるために、無料の食事や娯楽を提供した）」に終わっ

てしまう。

CEOが組織のスリム化について情熱的に語っている姿を撮影し、配信する

　この提案にはいくつか問題点がある。第一に、CEOは信頼性を回復する努力（自分の責任を率直に認める、給与を二〇パーセントカットする等）を何一つしていない。第二に、組織にとっていまは減量する時期ではない。組織にまず必要なのは再設計である。第三に、「スリム化」という言い回しには、もはや人を動かす力はほとんどない。節約し、無駄を省くことを目標としているのであれば、もっと新しく、リアリティの感じられる言葉で伝えるべきである。

人員削減に対する意見提案制度を設け、人員削減の方法について意見を募る

　従業員からの提案には利点があり、積極的に受け入れるべきであることはすでに述べた。日々の業務のなかで経費削減の手段を考えるときなど、組織の再設計に従業員の意見が役立つ場面は多い。しかし、解雇といった判断の難しい、痛みをともなう問題に対して従業員の提案を募れば、最悪の結果を呼んでしまう。意思決定に従業員の意見を取り入れる一つの方法として、従業員のなかからメンバーを選び、解雇対象者の決定方法を提案するチームを作るという方法もある。最終的には、経営陣が単独で意思決定を行うことに変わりはないが、問題にかかわるという意識は賛同を生む。経営陣も、従業員の賛同を得られない決定は下したくないはずだ。

ＣＥＯを解任する

この提案にはインパクトがある。現ＣＥＯはリーダーとしての能力に欠けるように感じられる。もしかしたら、彼には今後何年もの間、組織を率いていくだけの力はないかもしれない。だが、この提案は危険もはらんでいる。組織とは、つねに理想のリーダーを手に入れようとするものであり、多くの人間がリーダーの失敗を非難するが、単なる責任転嫁に過ぎない場合も多い。それは公平さに欠け、組織にとっても決して良いことではない。新しいリーダーによる組織の再設計の取り組みに対し、前任者に忠誠を誓っていた社員（ほとんどの社員がそうかもしれない）からの反発が強まることもある。こうしたことを考慮に入れると、この時点でリーダーを変えることは、変化の影響力をいたずらに強める危険性を秘めている。失うものより得るものが多いかどうかを見極めなければならない。ここまで見てきたところ、どういう行動を起こそうと、このＣＥＯが今後、数年以上リーダーとして持ちこたえる可能性は低い。組織を復興へと導くには、欠点が多すぎると言えるだろう。

【カテゴリー４】あまり有益とは言えない。無駄な努力に終わる可能性もある

市場シェア獲得のため、国内の競合他社のうち、最も小規模な企業を買収する計画を策定し、計画推進のための調査開発チームを立ちあげる

組織が危機的状況にあるときには、組織内部の問題の解決策を組織外部に求めてしまうことがよくある（夫婦が結婚生活を続けていくために子供を作ろうとするのに似ている）。だが、最悪の結果に終わることも多い。そうした解決策は、問題を解決しないばかりか、すでに負担を強いられている体制にさらなる重荷を背負わせることになるからだ。とはいえ、現在の組織に欠けているものを手に入れたいという衝動が必ずしも悪いというわけではない。それが組織再設計の構想の一部なら、やってみる価値はある。この場合はそうでないのだから、この提案は却下すべきである。

経営陣を刷新し、CEOの役割を「経営チームのコーディネーター」に定義し直す

繰り返しになるが、現状にないものを手に入れたいという衝動にはメリットもある。アペックスは保守的な会社であるため、その統制体系はもはや時代遅れの恐れがある（事実、組織はここしばらく、賢明な判断を下しているとは言い難い）。組織の再設計の目的が統制体系を根本的に見直し、現在とはまったく構造の異なる組織を築くことにあり、新組織においてチームワーク重視の平等主義的な企業文化をアピールしたいというのなら、CEOがコーディネーターを務める経営チームを作ることにも意味があるだろう。しかし、それは「もしも」のときの話だ。この提案は、一つの変化として考えると混乱を一層深めてしまう可能性が高いだろう。

管理職全員に品質改善研修を受けさせる

品質は、アペックスが競争相手と比較して劣っている点かもしれない。しかし、品質改善は大事業であり、組織内部に個人やチームのトランジションをあふれさせることになる。再編に取り組む組織に、さらに〝品質改善〟というさらなる目標を課しても困難を招くだけだ。再編が進み、状況が落ち着いてくれれば、アペックスが望む結果にとって品質改善が重要な要素だということがわかるかもしれない。だが現時点では、この提案は、すでに重い荷物を背負ったラクダに、さらに重たい荷物を背負わせるようなものだろう。

新制度の遵守を奨励するため、報酬体系を見直す

この提案も、四つのＰが明確になったあかつきには、価値のある方策と言えるようになるかもしれない。だが現時点では、どんな役割や姿勢や行動が報酬に値するのかを明確に定義することはできない（例外があるとすれば、有益な提案をした従業員へのボーナスだろう）。

【カテゴリー５】　絶対に実行すべきではない

概要発表のメール送信を中止し、一時解雇や工場閉鎖の詳細が決まるまで一切の情報発信を控える

この提案によって、混乱が完全なカオスに変わることは間違いない。誰もが、何か大きな問題が起きていることを知っている。「ＣＥＯからの（残念な）お知らせ」の海賊版が、ソーシャルメディアなどを介して社内に広がるのは時間の問題だ。管理職や社員たちのほうが、副社長よりも先に情報を入手することもある。従って、公表を延期しようなどとは思わないことだ。それよりも、いち早く情報を伝えることを考えるべきである。現状を伝え、今後の情報提供のタイミングを知らせなければならない。期日が守れない場合は、理由と次の発表がいつになるかを伝えよう。コミュニケーションを滞らせてはならない。人々は情報が伝わってこないことを嫌う。それに、業界紙はあなたが伝えようとしているよりはるかに多くのことを伝える準備をしている。情報伝達の主導権を失わないためにも、積極的に情報を開示していくべきだ。

大きな変化は二工場の閉鎖だけだということを約束して、従業員たちの不安を和らげる

これは絶対に言うべきではない。それが真実でないことはわかりきっているからだ。言ってしまえば、経営陣の嘘の一つに数えられてしまうだろうし、「言うことが信用できない」と思われる立派な理由を提供することになる。「現時点で決まっていることはこれだけだが、今後さらなる変化が起こることは間違いない。その詳細がわかり次第、発表を行う」と伝えるほうがはるかに良い。

従業員が明確な目標を持てるよう、来期に向けて新たな、より高い生産目標を設定する

「たとえ目標に到達できなくても、高い目標を目指すことにより、十分な生産高が見込める」と考えるかもしれないが、こうした戦略は状況を悪化させるだけだ。一時的であっても、今後生産高が落ち込むことは確実である。そうなると、すでに無力感を感じていた従業員がその感覚をより強めることになってしまう。目標をかろうじてクリアし、どこかに失敗したという意識を残すより、目標を低く設定して、それを大幅に上回るほうがよほど効果的だ。

この計画は二年かけて進めてきた計画であって、決して組織の弱さの表れではなく、一年もすれば結果が出るはずだといった前向きなプレス・リリースを発信する

コミュニケーションにおいては、前向きな面を強調するべきである。だが「前向きに行こう！」というメッセージは、物事の良い面だけを見せておいて、誤った考えを植えつけることにもなりかねない。「自分たちにはできる」と信じている人間がリーダーの役割を担うことは重要だが、「目標は簡単に達成できる」とか「成功は間違いない」といった印象を与えると危険である。行き過ぎた前向きさは、そうした印象を与えやすい。組織の再設計が進むにつれ、現実的であることがより重要になってくる。誰もが自分たちが直面している状況に気づく。そうなると、こうした前向き志向は、ますます「希望的観測」としか思えなくなってくるだろう。

「われわれはナンバーワン！」とプリントされたTシャツを全員に支給する

アペックスは沈みかけていることを忘れていないだろうか？〝プレーオフ〟への期待が強すぎるのかもしれない。現状とかけ離れているというだけでなく、完全に誤った前向き志向である。言葉の組み合わせもあまり良いとは言えない。モットーは役に立つが、そこに現実味がともなわなければまったく意味がない。単に言葉を並べてみただけなら、すでにわかりきった事実（この会社の上層部は揃いも揃って無能だということ）を強調するだけである。

結果はどうだったただろう？　第2章よりもうまくいったのではないだろうか？　提案を評価するなかで、私自身が、どのカテゴリーに分類するか判断を迷ったものもある。もう一度やってみたら、結果は異なるかもしれない。ここで言いたいのは、私が選んだカテゴリーと同じものを選んでほしいということではない。周囲の人たちのことを考えて決断を下してほしいということなのだ。

アペックスのリーダー（あるいはあなた自身）がどんな計画を思いつこうと、それはみんながなじんできた世界に変化を起こすことになる。そうした変化がトランジションにつながるのであって、変化すればトランジションは起こらざるを得ない。そこで、基本的なトランジションマネジメント戦略を念頭に置いて決断を下すことができれば、トランジションが思い通りに進む確率は高くなるだろう。

第9章　まとめ

「大きな戦争は国に三種類の人間を残す。手足の不自由な人間、嘆き悲しむ人間、そして盗人だ」

ドイツの格言

この格言は、他国への侵略が引き起こす激動を何世紀も経験するなかで生まれたものだが、どんな組織にも起こりえる戦略的な変化に対しても少なからぬ示唆を与えている。つまり、征服者が武力によって何らかの成果を獲得したとしても、あとには三つの深刻な問題が残るということだ――変化という経験で傷を負った者、変化のなかで失ったものを思い悲嘆に暮れる者、そして、変化によって忠誠心や倫理観が傷つけられ、冷淡で、自己中心的で、攻撃的になった者。さらに悪いことに、組織の変化という戦いのなかでは、勝者の側にも敗者の側にも、こうした三タイプの人間が残されることになる。

変化を計画する人間が、変化を生き抜いた者たちの問題にまで配慮することはまずないが、変化を実行に移す立場の人間や、変化が残した状況に対応しなければならない人間にとって、その問題は避けて通ることができない。前章のアペックスのケースでは、役員の一人は、そうした変化を生き抜いた者たちが組織を離れる人たちと同じくらいサポートを必要としていることに上層部は気づいていなかったと認めた。彼らは、組織を去る人間への対応に終始していた。一時解雇によって崩壊したチームや人間関係を再構築するのに、専門家の助けが必要なこともわかっていた。だが組織は、残った従業員たちへのサポートの重要性を理解すべきである——今後、彼らの忠誠心や献身が必要とされるのだから。組織の再編や大規模の人員削減を検討している経営者は、この点を計画段階から心に留めておく必要があるだろう。

「残る者より去る者のほうが、状況にうまく対応した」
エクソン・モービル副社長（人員削減実施後の状況を語って）

現代の組織にとって皮肉なのは、組織の〝贅肉〟を落とすための容赦ないやり方が、組織の健全化という名のもとに正当化されているということだ。実際に人員削減を実行してみると、従業員たちが献身的に効率よく働くことこそが経費削減を実現する唯一の方法だということに気づく。だが不幸にも、その従業員たちは、ドイツの格言の「戦争を生き抜いた者たち」と同じく、見過ごされた、あるいは誤った方法で対処されたトランジションによって気力をそがれ、忠誠心を失ってしまっている。

現代の組織を揺るがせているのは、新技術、国際競争、新規制、人口変動などによって引き起こされた変化が人間性に与える影響である。この状況にどう対処すればよいのか？　その答えは、「さらなる変化」である。組織は、一つの変化から次の変化へと、立て続けに変化を起こそうとする。しかし、現在の問題は変化そのものにあるという事実に、私たちは気づき始めている。

だからこそ、トランジションマネジメントの能力を身につけることが重要なのだ。振り返るたびに、そこには見過ごされた、あるいは誤った方法で対処されたトランジションの影響が残されていて、あなたはそれに対処していかなければならない。管理職にとっては、まさに悪夢である。具体的にどんな影響が残されるのかを説明するために、私は「ＧＲＡＳＳ」という言葉を使っている。

罪悪感（Guilt）：管理職（あなたも含め）は、部下たちを解雇、異動、あるいは降格しなければならないことに罪悪感を覚える。解雇対象にならなかった従業員も、同じ罪悪感にさいなまれることになる。罪悪感は、自尊心や意欲や行動力を損ねてしまう。

憤り（Resentment）：管理職も管理される側も、トランジションによって苦痛を味わうと、組織に対して憤りを感じてしまう。これは自然な反応である。しかし、この悲嘆の側面がきちんと対処されなければ、憤りはより深くなり長引くことになる。過去の変化が憤りという遺産を残していると、現在の変化が（それがまだ起こっていなかったとしても）邪魔される。さらにこうした憤りは、妨害行為や、現代の組織がしばしば経験しているような、巧妙な仕返し行為を呼ぶこともある。

不安（Anxiety）：過去が断ち切られようとしているときに、それにしがみつこうとすれば、不安を感じるものだ。おかしなことに、管理職のなかには、不安が業績を向上させると信じている者もいる。軽い不安にはそうした効果があるかもしれないが、現代の組織のなかで抱える不安はかなり大きく、行動力を鈍らせ、やる気を低下させ、新しいことに挑戦しようという意欲を奪ってしまう。

「未来の成功者は、カオスに積極的に立ち向かい、そのカオスを、避けるべき問題ではなく、いわばビジネスチャンスととらえている」

トム・ピーターズ（アメリカの作家）

自己専念（Self-absorption）：私たちは不安を感じると、自分のことで頭がいっぱいになり、同僚や顧客に注意を向けられなくなってしまう。椅子取りゲームをしているときに、頭の中に浮かぶ疑問は「いつ音楽が終わるのか？」「椅子は残っているだろうか？」ということだけだ。チームワークや行き届いたサービス、高い品質といったより大きな目標は忘れ去られてしまう。そこでチームワークやサービスや品質の大切さを語って叱咤激励したとしても、自分のことしか考えられない人には、あまり効き目がないだろう。

ストレス（Stress）：トランジションを体験しているときに病気や事故の発生率が高くなることに

ついてはすでに述べた。ほとんどの組織がストレスへの対処策を打ち出している。そうした方策はないよりましだが、ストレス源に対しては、ほとんど効果は期待できない。

GRASS：「罪悪感」「憤り」「不安」「自己専念」そして「ストレス」の五つは、トランジションへの対応に効率よく対応できなかったことへの、現実的かつ重大な代償である。変化をこれから起こそうとしているときに従業員の反応など気にしている暇はないという声が聞こえたら、この五つを思い出してほしい。そして、トランジションに対処しないことは、時間や手間の節約になるどころか、こうした代償を支払うことになるのだと周囲に伝えていかなければならない。そうしなければ、成功には従業員の献身と創造性が不可欠だと誰もがわかっていても、消耗し、やる気を失った労働者しか組織には残らなくなってしまう。

「忍耐を知らないということは、なんとも哀れなことだ！　どんな傷も、少しずつ癒えていくものじゃないかね？」

ウィリアム・シェイクスピア（イギリスの劇作家）

もう一つ覚えておいてほしい、そして周囲にも伝えていかなければならないことがある。それは、困難を回避するための、効果的で定評のある方法が存在しているということだ。組織の多くが、ほかに良い方法があるとも知らず、自ら崩壊へと向かってしまう。

いま何より、この点を理解することが求められている。私たちが未来についてわかっていることといえば、未来は現在とは違っているということだけだ。いまここに存在しているものは、それが何であろうと変化する。未来がどうなっているかは、未来論者が議論すべき問題である。唯一確かなことは、現在と未来の間には多くの変化が待ち受けているということ。そして、変化があるということは、トランジションもあるということだ。それこそが、答えを完璧に予測できる方程式なのである。


「われわれの道徳的責任は、未来を止めることではなく、形づくることだ。思いやりにあふれる方向へと運命を導き、移り変わりの苦しみを癒すのだ」

アルビン・トフラー（アメリカの未来学者）

変化＋人間＝トランジション

この結果を避けることはできない。しかし、対処する方法はある。そしてトランジションを無傷で切り抜けたければ、トランジションをマネジメントする以外に道はないのである。

あとがき

スティーブン・ケルバン

設立間もない基金であったアンドラス・ファミリー基金（ＡＦＦ）の事務局長として、当時私に課された仕事は、立ち上げたばかりの理事会を補佐して、それぞれ個性を持つ第五世代のメンバーたちが一つになれる目標を定めることだった［＊］。

この新しい仕事への取り組みがうまくいくようにと、妻は私に一冊の本をプレゼントしてくれた。それがウィリアム・ブリッジズ氏の著書、『Managing Transitions: Making the Most of Change』だった。そして、妻が願った通りになった。その本のおかげで、私は一二年ぶりの転職という出来事を理解し、対処することができたのだ。しかしながら、この本の影響力は、私が思っているよりはるかに強力なものだったのだ。

「トランジション」は「変化」とは根本的に異なり、心理的なプロセスだということを意識しなければならないという、トランジション理論の基本的な考え方は、アンドラス家の各世代のトランジションに目を向け、社会奉仕事業を続けていくための構想を提案するのに、大いに役立ってくれた。私たちのような家族が代々運営する財団は、次世代のメンバーが成長するに従って、変化やトランジションに直面することは避けられない。本書は、各世代のメンバーがともに仕事をする手助けをしてくれたのである。

いま考えれば、ブリッジズ氏の理論がさまざまな場面で活用できるのは、驚くべきことではない。彼が本書を執筆したのは、変化をそのまま受け入れるのではなく、トランジションに段階的に対処することで多くの人や組織が利益を得られると信じていたからだろう。しかし、役員たちがそれぞれの思いや関心を語るのを聞いていると、私自身、「そうか！」と感じる瞬間があった。ブリッジズ氏の理論は、個人や組織が変化やトランジションを乗り越えるのに役立つだけでなく、突き詰めて考えれば、社会の変化を考える手段を提供していると気づいたのだ。組織が「終わり」に立ち向かわねばならず、「新たな始まり」を始めるまでに相当な労力を要するのだとしたら、社会情勢に変革をもたらそうとするときにも同じことが言えるのではないだろうか？　その考え方は、私や役員たちにとって非常に納得のいくものだった。やるべきことは一つだった。ウィリアム・ブリッジズもこの考え方に同意してくれるかどうか、それを尋ねよう。財団で働くことの利点の一つは、誰かに突然電話しても話を聞いてもらえるだろうと期待できることだ。

幸運なことに、私たちが電話をかけたとき、ウィリアムはトランジションマネジメントの手法を慈善事業の分野にも活かせないかという大きな課題に取り組んでいたところだった。そしてすでに、いくつかの組織とともに、非営利機関や団体のリーダー交代を手助けするプロジェクトに着手していた。だが、彼が本当に知りたいと思っていたのは、トランジション理論を基金設立のプロセスそのものに活かせるかどうかだった。

そこで数名の役員が、ウィリアムとスーザンの家を訪問するという光栄に浴し、事前の話し合いを行った。ふたりは私たちの話に耳を傾け、さまざまな問題を提起してくれた。そして、私たちがトランジションの心理的な面について十分考慮できていないことや、トランジション理論を拡大解釈したせいで、それぞれの役員が抱いている多種多様な関心を見失ってしまうかもしれないことに懸念を示した。私たちが構想に期待しすぎて、結局は無意味なものに終わってしまう危険性も指摘してくれた。最終的に、彼らは私たちとともに問題に取り組むことに価値があると判断し、次のステップについて話を進めることになったのである。

私たちは、今後の可能性に期待を寄せながら財団へ戻った。翌日、ウィリアムから役員宛てのメールが送られてきたときは本当に興奮した（私はすでに、役員全員に『Managing Transitions』を配っていた）。ウィリアムのメールには、「変化」と「トランジション」の明確な違いと、慈善団体がどうすればこのトランジション理論を活用していけるのかが記されていた。

慈善事業があふれるこの社会において、多くの財団がほかの団体との差別化を図ろうと、現時点でまだサービスが行き届いていない活動に参入するという道を選んでいます。ですが、そこでみなさんは、「変化は起こしてもトランジションには対処しない」というアプローチを選択してしまうのです。新規分野に参入しても、ほんの少ししか成果があげられないなら、それは優れた戦略とは言えません。財団は、「何をするか」ではなく、「どうやるか」という点で差別化を図るべきではないでしょうか？　言い換えるなら、財団は基金によって人々に変化をもたらし、さらにトランジションの三段階モデルを活用して、その変化が引き起こすトランジションをうまく乗り越えられるよう、人々をサポートすればいいのではないでしょうか？　あるいは、変化を成功させるために必要な、新たな方向づけや発達や再生を後押しすることに力を注ぐべきではないでしょうか？

それから一五年間にわたって、ＡＦＦはブリッジズ氏の提案したトランジション構想を事業に取り入れている。私たちは多種多様な広範囲に及ぶ事業を展開し、里親家庭で育った子供たちのひとり立ちを助け、一〇代で親になろうとしている子には必要な世話や支援、メンター・プログラムを提供している。ウィリアムとスーザンの見識とサポートのおかげで、私たちは差別化に成功したと確信している。

（アンドラス・ファミリー財団　初代事務局長／二〇〇九年）

＊この基金は、一九一七年に設立されたサードナ財団によって創設された（サードナ財団は、ニューヨーク州ヨンカーズ市の市長であったジョン・エモリー・アンドラスが設立した財団に由来する）。現在、ジョンから数えて五世代目によって運営されている。

付録A：トランジションへの準備態勢をチェックする

組織とトランジションへの取り組みを始めるとき、私はその組織がトランジションに対面する準備が整っているかどうかを評価することにしている。トランジションにうまく対応できる態勢が整っている組織もあれば、トランジションは事業を妨げ、組織のメンバーを苦しめるものであって、トランジションを引き起こす変化には苦労するだけの価値はほとんどないと考える組織もある。トランジションに対する考え方以外は、もう一方の組織と同じくらい成功を収めている組織だ。場合によっては、組織を強くするはずの変化が組織を弱める結果に終わるときもある。

プロジェクトを立ち上げ、コンサルティングやコーチングや研修といった面談の機会を設けて人々と会話をするとき、私たちは次のような点に着目している。彼らに直接質問することもあれば、話を聞き、組織が集めた調査結果に目を通し、リーダーが発表したコメントをチェックするなかで、質問の答えを見いだすこともある。

①変化は不可欠だという意識は浸透しているだろうか？　その変化は現実の問題を解決するだろうか？　あるいは、まったく別の理由で変化が生じたと思われてはいないだろうか？　その必要性が感じられない喪失や不安ほど耐え難いものはない。

②起ころうとしている変化が何であれ、それが根本的な問題に対する有効かつ効果的な対処法だとほとんどの人が認めているだろうか？　間違ったアイデアは、対処が難しいトランジションを引き起こすことになってしまう。

③提案されている変化が、従業員の間に対立を生じさせ、トランジションを必要以上に破滅的なものにしてしまっていないだろうか？

④組織のリーダーは、十分な信頼を獲得できているだろうか？　信頼という点に関しては、課題が尽きることはないが、信頼のレベルがあまりに低いと、リーダーは人々を率いていくことが難しくなってしまう。

⑤組織は、メンバーが追い込まれた新たな状況や役割に対応できるよう、適切な訓練の機会を提供しているだろうか？　組織がこの対策を怠ると、メンバーは変化に消極的になってしまい、トランジションを意図した方向へ導く「新たな始まり」を受け入れられなくなってしまう。

⑥組織は、メンバーが新たな状況で失敗を犯したときに責めようとしていないだろうか？　もししているなら、「ニュートラルゾーン」から脱出するための最初の一歩を誰も踏み出そうとせず、トランジションが必要以上に長引くことになるだろう。

⑦変化は、将来の明確なビジョンへ組織を導く戦略の一環として、定着しているだろうか？

⑧この変化に内在する「終わり」について、率直な意見を交わせているだろうか？　メンバーは、いまこそ手放すタイミングであることや、その理由について、理解できているだろうか？

⑨トランジションを乗り越えるのに、組織の過去の経験が活かせているだろうか？　過去の問題や未解決の問題が再浮上して、メンバーに不安や不信感を抱かせていないだろうか？

⑩変化によって影響を受ける人たちに、その影響について現時点で最大限の情報を伝えられているだろうか？

⑪組織内部に、変化やトランジションの対応に長けている人間はいないだろうか？　助けを必要としているメンバーはサポートが受けられる状況だろうか？

⑫人間的側面に配慮して変化を進めていけるように役割分担が明確になっているだろうか？　それぞれの役割が責務を果たせるように資料や情報を提供できているだろうか？

⑬変化を導くリーダーは、トランジションを完了させるまでには変化そのものにかかる時間よりも長い時間が必要となることを理解しているだろうか？　今後の計画には、その考えが反映できているだろうか？

⑭組織は、トランジションの状況をチェックする方法を決めているだろうか？　必ずしもトランジション・モニタリング・チームを設置する必要はないが、組織内にすでに存在する上下関係に影響を受けない方法でなければならない。

⑮これから直面する問題に対処できるよう、従業員たちをサポートしようという組織文化が育まれているだろうか？　自力で対処させようとしていないだろうか？

ここに挙げた一五の質問は、直接尋ねることのできる質問もあれば、会話のなかで答えを探っていくものもある。いずれにしても、組織が比較的スムーズにトランジションを乗り越えることができるかどうか、あるいは、変化が組織に〝大惨事〟をもたらすことがないかどうかを見極める手がかりとなるはずだ。否定的な答えが多いほど待ち受ける困難は大きいということになる。結果を数値で判断するのは難しいが、肯定的な答えが一〇個以下であった組織は注意が必要だろう。

言うまでもないが、適切な答えを導き出すには、組織のさまざまな部署のメンバーと横断的に対話をする必要がある。リーダーが、一般の従業員が直面する状況をきちんと把握していなければ、彼らからは偏った答えしか得られないだろう。情報収集を人事部だけに頼っているなら、答えは、彼らの情報源や彼ら自身の問題によって歪められてしまうだろう。中間管理職、現場マネージャー、営業担当者、国際部門、パートタイム労働者には、それぞれの視点がある。その一つに偏るようなことがあれば、組織は袋小路にはまり込むことになる。そうならないためには、できる限り範囲を広げて、情報収集を行うことだ。

付録B：トランジションを計画する

計画なしに大きな変化を実行することはできない。トランジションは、変化ほど綿密に計画することはできないが、トランジションを期待した通りに進めるためにできることはいくつかある。それをここに紹介する。

①変化そのものを語る前に、その変化を避けられないもの（少なくともそうするのが賢明だと言えるもの）にしている問題を共有する。これは、変化が実際に起こる前に実行すべきである。

②その問題の事情に最も詳しい人から情報を収集する。変化にさらされたときに、みんなが守りたいと思っている利益は何か、それを明らかにする。また、問題解決のプロセスにメンバーをかかわらせることで、結果に貢献できるようにする。さらに、有益な意見を提案してくれる人たちの意向を積極的に取り入れる。

③それと同時に（通常、変化が公表される前に）、組織のトランジションに対する準備態勢を把握し（付録Aを参照）、組織がトランジションを経験するに際して、強み、あるいは弱みになる部分を見つける。

④トランジションの本質や変化との違いを学ぶ機会をリーダーに与える。リーダーは、トランジシ

ョンへの対応を誤ると、変化は容易にカオスと化すことも理解していなければならない。トランジションには対処方法があることや、リーダーはトランジションにおいて特別な役割を担っていること（付録Eを参照）を、リーダー自身が実感できるよう手助けする。そうでないと、リーダーは起こっている変化にだけ目を向けて、人々を率いていくために行うべきことを実践しないだろう。

⑤変化を計画する立場の人たちに、「変化を計画通りに進めるために何かを手放さなければならない人は誰か？」という質問を真剣に考えるよう促す。変化にはトランジションが必要であり、トランジションには過去のやり方を手放すことが必要である。手放すというプロセスを促進するためには、予想して計画を立てることが重要になる。トランジションマネジメントにおいてこの重要性を忘れてしまっている組織は多い。

⑥手放したからといってすぐさま「新たな始まり」を始めることはない（できない）ことを、認識しておかなければならない。「終わり」と「新たな始まり」の間には「ニュートラルゾーン」という暫定期間があり、そこでは多くのことがうまくいかなくなる。離職者が増えるのもこの期間だ。一部の従業員は激しい不満を抱き、自分をこんな目に遭わせた組織への仕返しを考えるようになる。生産性は落ち込み、コミュニケーションも破綻しやすくなる。不安定で不確かなこの時期に人々が必要としているのは、現場主義のリーダーシップや経営方針である。

⑦「ニュートラルゾーン」では、個人も組織内のグループも消極的になり、様子をうかがうように

なる。彼らを勇気づける方法を見つけよう。そうすれば、変化が生み出す未来へ向かって前進したり、必要な戦略や手段を調整したりできるようになる。ニュートラルゾーンは、個人やグループが古いやり方から新しいやり方へと方向転換する時期である。方向転換の時間や方法が与えられなければ、新しいやり方はうまくいかないだろう。

⑧個人や集団がトランジションの三段階を通過しているときは、その進捗状況をチェックする。トランジション・モニタリング・チームやその他の形式を利用するといいだろう（付録Cを参照）。トップダウンだけでなく、ボトムアップのコミュニケーションを重視し、意思決定者（彼らはトランジションをほとんど完了しているかもしれない）と従業員（いまだに「終わり」の段階で苦労しているかもしれない）との間のギャップをなくすよう力を尽くそう。人々がトランジションの次の段階へと進むことを応援しつつ、あなた自身がトランジションの困難にくじけてしまわないよう注意しよう。

⑨変化に際して求められる新たな態度や行動について、周囲にどう説明し、奨励し、報いるのかをあらかじめ考えておこう。ビジョンや全体像を語るのもいいが、ほとんどの人は、細部まではっきりとした現実的な世界に生きている。彼らが変化に貢献するか、あるいは変化を避けて通ろうとするかは、現実的であるかどうかにかかっている。変化に貢献するためには実際に何ができるかを人々に理解させる必要がある。

⑩トランジションを通して、何が組織や人々を助け、何が妨げになっているのかを記録しておこう。

それによって、トランジションを対処しづらくしている問題を改善できる。また、誰かがトランジションの三つの段階を通過しているときに、何がその人を助け、何が逆効果になるのかを見極める材料にもなる。変化の激しい今日では、こうした知識が大いに役立つことは間違いない――しかも、効果は思った以上に早く現れる。

付録C：トランジション・モニタリング・チームを設置する

どんなに注意深くトランジションを計画しても、変化が及ぼす影響や、それに対する反応のすべてを予想することはできない。だからこそ、「トランジション・モニタリング・チーム（ＴＭＴ）」が有益なのだ。チームの規模は七名から一二名程度が適切であり、大規模なチーム（あるいはあまりに広い範囲からメンバーを集約したチーム）を一つ構成するより、組織のさまざまな場所に複数のチームを設置するほうがよい。

チームを設置する方法はいくつかあるが、それぞれに利点と欠点がある。多数の部署が存在する組織では、それぞれの部署が指名を行うことで、さまざまな役職や勤務体系や勤務年数のメンバーが集まる横断的なチームが編成できるだろう。欠点は、言うまでもなく、管理職お気に入りのメンバーばかりが集められたチームだと思われてしまうことだ。従って、部署の方針に批判的だと思われる人物を数名、チームのメンバーに選ぶようにしよう（これには、そうした人物に、変化の現実を理解させるという副次的な効果もある）。

各部署から厳選した横断的なチームを作ることよりも、ＴＭＴというプロジェクトに意欲的な人材を集めることを重視する場合には、目標としていることを説明して、有志を募ればよいだろう。その有志のなかから経営陣がメンバーを選び、あるいは各部署による候補者の推薦を行い、最終的に経営陣がメンバーを選定することで、二つの選抜方法を併用することもできる。

どのような方法で人選を行ったとしても、メンバーに対する研修は必要である。研修では、トランジションについて学ぶ時間を取ることだ。なぜなら、このチームは、組織内のさまざまな意見を集める手段としてではなく、トランジションが人々に与える影響を調べるために設置されたものだからだ。前へ進むことに気を取られるあまり、忘れ去られようとしている人物はいないだろうか？情報の伝達はスムーズに行われているだろうか？情報は信用されているだろうか？古いやり方を手放すのに苦労しているグループはないだろうか？トランジションを妨げる方針や習慣や仕組みはないだろうか？人々はどんな情報やスキル、サポートを必要としているのだろうか？

ＴＭＴが「マネジメント・チーム」ではなく「モニタリング・チーム」として機能するよう、その責任の範囲についても説明しておく必要がある。そうしなければメンバーは、自分たちは変化を導くために選ばれたと考えてしまうだろう。意見を集めることが目的だということを、チーム全体が理解していなければならない。

調査すべきトランジションの問題が起こっている限り、チームは存続することになるが、その期間が一年以上続く場合には、新しいメンバーを段階的に投入し、設置当初のメンバーと入れ替えていくといいだろう（新しいメンバーの投入には、より多くの人間がモニタリングのプロセスにかかわり、知識を養うことができるという利点もある）。チームのメンバーは、その問題が新しいうちに対処できるよう、定期的に会議を開かなければならない。多くのチームが、二週間に一度の開催で問題ないと考えていたとしても、何か事件が起きた場合にはもっと頻繁に会議を開くことになるかもしれない。状況が落ち着いてくれれば、会議の回数を減らしてもいいだろう。

チームの会議は、まとめ役が計画し、運営すべきである。そのまとめ役は、チームのメンバーでないほうが効率的だ。人事部の者などが、会議の日程を知らせるメールの送付や、会議の運営、組織の意思決定者に対する会議結果の報告といった業務を担当できるだろう。組織の意思決定者が会議の結果をきちんと把握できるよう、意思決定者と直接やり取りできる立場にある人間をまとめ役に指名すると好都合だろう。

最初は、TMTに対して懐疑的な見方も多いかもしれない。そうした見方は（珍しいものではないが）組織のなかに存在する不信感の表れであり、意思決定者は事業に悪影響を与える前に、その不信感を払拭する取り組みを始めなければならない。TMTが自分たちの不安や苦労を理解しているとわかれば――その不安や苦労がTMTの会議で取りあげられた結果、解決策や改善法が見いだされたのならなおさら――周囲の不信感も消えていくだろう。TMTのなかには、寄せられた意見を報告するという受動的な役割を果たしているだけで、十分機能するものもある。一方、情報収集活動の一環として、メンバーが直接足を運んで意見を集めるという方法で積極的な役割を果たそうとするTMTもある。

TMTの議論の範囲を、組織で起こっている変化や、その変化が招いたトランジションを直接の要因とする問題に限定することは、多くの場合、賢い選択と言える。必然的に、チームのメンバーは、自分たちがより全般的な問題（「意思伝達がうまくいっていない」といった問題）に触れていることに気づく。そうした問題を検討し、対処するのにふさわしい場所に届けることは、良いアイデアである。まとめ役が処理すべきことではあるが、もしＴＭＴのなかに組織の問題解決に直接取り組むグループのメンバーがいるのなら、そうしたメンバーに問題の伝達を任せてもいいだろう。

その問題をＴＭＴに持ち込んだ当事者やグループに、フィードバックを行うのは大切なことである。私たちは、自分の疑問や不満、アイデアがどのように処理されたのかを知りたがるものである。ブラックホールのように意見をただ飲み込み、消し去るだけのものだと思われてしまうと、この組織のフィードバック・システムは崩壊してしまう。

ＴＭＴは、のちのち深刻な影響を招きかねない問題を早い段階で特定することができるという点で設置する価値は大いにある。ＴＭＴを設置することによって、従業員たちは、たとえそれが上層部によって（従業員の意見をほとんど反映することなく）計画された変化であっても、自分にも果たせる役割（そして利害関係）があるのだと実感できる。ＴＭＴのメンバーは、リーダーより正確で信頼できる情報を広めることができるため、ＴＭＴは誤った噂を打ち消す効果的な手段でもある。

次に紹介するケース・スタディは、ある大企業が、大規模な組織再編を行っているときに、どのようにトランジション・モニタリング・チームを導入したかを示したものである。

【ケース・スタディ】シェル・テクノロジーのトランジション・モニタリング・チーム

アムステルダムにあるロイヤル・ダッチ・シェルの調査開発研究所から、ウィリアム・ブリッジズ・アソシエーツに、重大かつ複雑な組織改革を予定しているために力を貸してほしいと連絡があった。研究所は、シェル石油とハーグにある化学製品の製造組織の合併を計画していた。この合併の衝撃と将来の不安から、経営陣が一斉に辞任するという事態が起こっていたのだ。

人事部長であったゲイリー・ヘイズは、ウィリアム・ブリッジズと協力し、トランジションマネジメントの一環として、トランジション・モニタリング・チーム（ＴＭＴ）を導入した。そして、ＴＭＴは組織が困難な時期を乗り越えるうえで、極めて効果が高い手法であることを証明したのである。シェルのＴＭＴは従業員のネットワークで構成され、各メンバーはトランジションの間、組織の体温をチェックする役割を担っていた。噂や不満や讃辞の声を集めて分類し、その情報をシェルの役員たちと共有したのである。

多くの従業員がＴＭＴのアイデアに懐疑的だったため、人選を慎重に行うことが鍵となった。組織内ですでに人脈や信頼関係を築いているかどうかという点も重視された。ＴＭＴのメンバーとして、組織内のさまざまな部署、あるいは拠点から、さまざまな知識やスキルを持った人材が選ばれた。その人数は七名から一二名が理想的とされた。チームの目標は、コミュニケーション（ボトムアップ、トップダウン、横断的）を促進することだった。ＴＭＴは組織のなかで独立した存在であり、経営陣とは何ら関わりがないことが認識されなければならなかった。

ＴＭＴのメンバーはフルタイムの社員で、チームのメンバーに選ばれたからといって追加の報酬を受け取るわけでもない。ＴＭＴの知名度が上がるにつれ、その一員であることは名誉だという意識が高まっていった。個々のメンバーは、ＴＭＴの役割を果たすなかで、自分の仕事にだけ集中していた頃よりも組織への理解を深めていった。だが主に彼らを動かしていたのは、組織、特にその文化を改善させたいという思いだった。

ＴＭＴのメンバーはメール（たいていは、ＴＭＴメンバーから質問が送られてきた）や休憩時間の会話、あるいは個別面談の機会を通して情報を集めた。時には、従業員のほうから自発的に情報を共有してくれた。TMTメンバーはいつでも、そしてどんな伝達手段でも、コメントを受けつけた。従業員は誰でも自由に意見を述べることができた。ＴＭＴメンバーだけは情報源を把握していたものの、匿名性は保たれていた。論理的なものから、感情的なものまで、さまざまなコメントや提案が集まった。

ＴＭＴは、経営陣への連絡係を務める役員代表と、二カ月に一度会合を開いた。ＴＭＴのメンバーは、集めた情報を明確に要約し、その情報の重要度が判断された。最も重要だとされたトピックが喫緊の課題として認定され、それが経営陣にとっての検討事項となった。

コメントは、その種類によって、批判と前向きな提案の二種類に分類された。批判によって、経営陣は自分たちの言っていることとやっていることに差があるということに気づいた。前向きな提案によって、新しい組織にとって最良の方法を確立することができた。状況が不安定で激しい変化が続いているときには、さらに多くのコメントが寄せられた。状況が落ち着き、人々が安心感を抱くようになると、コメントの数は減っていった。

経営陣のなかには、寄せられた意見を歓迎しない者もいた。彼らは寄せられる意見の多さに疑念を抱き、それらが単なる事例報告に終わらないよう、統計的なデータにまとめるようしつこく求めてきた。だが、ＴＭＴはそうした要望をすべて拒否した。目的は、数値的な証拠を集めることではなく、人々の感情の深さを測ることにあったのだ。

こうした率直な意見から、従業員の思いやアイデアが飛び出し、経営陣も反応を示さないわけにはいかなくなった。従業員たちにとっては自分の意見が取り上げられていると感じることが大切だったのだ。対話型の集会が開かれ、自分たちの懸念がどのように対処されるのか、その方法を記したメールも送られてきた。そして、火急の問題について、毎週報告書があげられた。

ＴＭＴは、非常に役立つ情報資源として認知され、組織の中で永続的な地位を確立していった。ＴＭＴはトランジション期だけでなく、比較的安定している時期にも有効なのである。

再編成と一時解雇を繰り返すうち、専門的な知識を持った技術職の不足が戦略上の課題となったが、そのことに経営陣が気づいていないのではないかという懸念もあった。ＴＭＴがこの問題を申告すると、経営陣は技能訓練プログラムの充実を決定した。プログラムは成功を収め、企業内で広く実施されることになった。

当初は短期間のトランジションに対応するために設置されたＴＭＴであったが、結局は、一〇年以上続くチームとなったのである。TMTは、つねに次のようなことを意識してきた。

- 人々が何を感じ、何を主張しているのか、それを知る努力をすること。
- 情報の誤りを訂正し、噂を静めるため、組織の情報源に容易にアクセスできる存在であること。
- 信頼できる「従業員のフォーカス・グループ」として、改革案が発表される前に、その案をチェックすること。

時間の経過とともに、組織の再編が必要となる頻度は減っているが、ビジネス上の変化やトランジション（や噂）は相変わらず発生しており、TMTは引き続きその価値を発揮している。情報を収集し、企業文化の方向性を知るために、これからもTMTの存在は不可欠である。

シェルの「体温モニタリング・チーム」（組織内ではそういう名前で知られている）は、一〇年以上にわたって何度も大きな改革を乗り越えてきた実績のあるチームとなっている。結果的に、チームは組織の文化に影響を与え、透明性を高め、経営陣と従業員の間に信頼関係や自由な交流を育んだのである。

（ゲイリー・ヘイズ、二〇一六年三月）

付録D：トランジション期の組織で働く人へのキャリア・アドバイス

組織が終わりの見えない変化にさらされているときには、トランジションも多かれ少なかれ連続的になり、多くの雇用や昇進の機会が失われてしまう。たとえば、役職の一部を撤廃することでコミュニケーションは活性化するかもしれないが、人々が目指してきた役職が消えてしまうことになる。変化は、過去にはあったチャンスを奪うこともある。だが、新しいチャンスを生み出すこともまた事実である。組織を平坦化して、人々が手に入れたいと願っていた役職を撤廃することで、数多くの自己管理チームが生まれるかもしれない。あるいは、チームと組織の間の橋渡し役を務めることができる人間に、新たな役割を与えることができるだろう。別の例を挙げよう。組織の再編によって部署の人員が分散してしまった場合、仮想チームを率いて複数の拠点にまたがるメンバーをまとめる人間が必要となるかもしれない。

変化と共存しようと努力する人は、組織の再編を活用する道を見つけやすいものだ（多くの人は、変化に影響を受けない方法をとにかく探そうとする）。変化を扱いやすくするだけでなく、その先を目指すべきである。それでは、どうすればこの変化を利用することができるのだろうか？

まずやるべきことは、決められた仕事のことだけを考えるのではなく、組織のなかでまだ対処されていないニーズや、やるべき仕事や、未解決の問題を考えることである。そうすれば、組織（あるいは、組織のなかでもあなたが最もなじみのある部分）を一つの市場、あるいは要求を満たそうとしている顧客の集団とみなすことができる。その顧客は、自分たちのニーズに対応できるのは誰なのかを知りたがっているかもしれない。

何も行動を起こさず、状況を成り行きにまかせていると、コンサルタントや契約社員がぞろぞろとオフィスを歩き回ることになる。なぜなら、組織は自分たちのニーズを満たすために、外部の人間の力を頼ろうとするからだ。しかし、その外部の人間が果たしている役割を、あなた自身が担うこともできる。そのためには、どうすればよいのか？　そこで提案したいのは、私が「ジョブ・シフトの五ステップ」［＊］と呼んでいる方法である。

ステップ1：まず、助けを必要としている管理職や部署に対して、どのような〝資源〟を提供できるのかを明らかにする。次の四つの項目を検討してみてほしい。

①希望（Desire）：あなたが最も手に入れたいもの、あなたのやる気を強く刺激するものは何だろう？　あなたの理想や価値観は？　心から達成したいと思っていることは何だろう？

②能力（Abilities）：あなたの得意とすることは何だろう？　あなたにとって慣れていることは何だろう？　他人はあなたのどんなところを称賛しているだろう？

③気質（Temperament）：どんな活動が自分に最も向いているだろう？　何かをやり遂げようとす

るとき、どんなやり方を選択するだろう？　自分の性格を自覚できているだろうか？
④利点（Assets）：あなたには特別な資格やスキルや経験があるだろうか？　社会的地位や人脈があるだろうか？　他人にはない、あなたならではの特徴は何だろう？

希望（Desire）、能力（Abilities）、気質（Temperament）、そして利点（Assets）の四つを合わせると「ＤＡＴＡ」、つまりあなたが発信することのできる情報となる。それがあなたの資源だ。

ステップ２：さらに、自分が参入しようとしている市場について、調査し理解を深める。その市場にはどういった顧客がいるのだろう？　彼らは何を求めているのだろう？　顧客たちが解決したいと思っている問題は何だろう？　自分がサービスを提供しようとしている顧客について学ぶ必要がある。それには時間がかかるだろうが、努力する価値はある。

ステップ３：次に、自分の「ＤＡＴＡ」と、市場においてまだ満たされていないニーズとを結びつける。この組み合わせ（私があなたのニーズを満たす）こそが、あなたの「商品」なのだ。その商品は、顧客の問題を解決し、顧客が手に入れたいと望む結果を提供する。そのとき、あなたは単なる従業員から、商品を売る「請負人」（たまたま従業員でもある）に近い存在になる。そして、顧客があなたの商品に対して、あなたが会社から受け取っている賃金より多くの対価を喜んで支払おうとすることに気づくに違いない。いいじゃないか！　その確信が深まっていけば、働き方を見直したくなるかもしれない。

ステップ4：命じられた仕事をただこなすよりも、「自分の商品を売る」ことを意識し始めたなら、会社に雇われている立場かどうかにかかわらず、あなたは自分のビジネスに携わっていることになる。あなたの会社のビジネスではなく、あなた自身のビジネスはどんなビジネスだろう？　わからないなら、いまがその答えを探すときであり、同僚たちより有利なスタートを切るチャンスである。

ステップ5：自分のビジネスに携わるということは、小さな会社を興すことでもある――あなたが実際には従業員の立場であるとしても。ここではキャリアのことを考えるのをやめ、自分のビジネスのための戦略的な計画について考えてみよう。あなたの会社はどこに向かおうとしているのか？どんな資源が必要だろう？　サービスをどう売り込めばよいのだろうか？

この「ジョブ・シフトの五ステップ」は、命じられた仕事をこなす従業員から、顧客に彼らが求めるものを提供する「自立した労働者」へとあなたの意識を変えるだろう。従業員のままでいたいという自分の希望とは相容れない考え方だと思うかもしれない。その場合は、今日の企業が求めているものを考えてみてほしい。顧客に最高のサービスや商品を提供すること――それが答えだ。そして、この意識の転換こそが、その「最高」を提供する道なのである。

こうしたアプローチで仕事と向き合っていると、管理職があなたほど先を見越していないと気づくかもしれない。「与えられた仕事だけをやるように」と言われることもあるかもしれない。職場を移ることもできるだろうが、できればいまの職場に残り、あなたの手で状況を変えることができないかどうか、試してみてほしい。

絶え間ない変化が起こっているこの時代に、キャリアを築くための最高のアドバイスがあるとすれば、それは与えられた仕事をするのをやめて、やるべき仕事をすることであり、自分のＤＡＴＡを活かし、誰かが本当に必要としている「商品」を生み出す仕事をすることなのだ。それは、周囲が求めるニーズを満たすことこそが、激しい変化にうまく、かつ生産的に対応する道なのだと気づいたときに私自身が実行したことでもある。自分のＤＡＴＡは、こうした話題を語り、言葉にするという仕事に適していると思ったのだ。それ以来、私はこの仕事に取り組んでいる。この本は私の商品なのだ。あなたにも自分の商品を見つけてほしい。

＊「ジョブ・シフトの五ステップ」の詳細は私の著書を参照してほしい：William Bridges, *Creating You & Co.: How to Think Like the CEO of Your Career* (Cambridge: Perseus Publishing, 1998).

付録E：トランジション期におけるリーダーの役割

リーダーの最も重要な役割の一つは「変化を導く」ことだと、誰もが理解している。しかし、その役割を果たすために、リーダーはトランジションにおいてもリーダーシップを発揮しなければならないことは、ほとんど知られていない。この二つの役割には共通点もあるが、根本的に異なるものだ。変化に関して言うと、リーダーの役割は（たいていの場合、他者と相談しながら）変化というプロジェクトのもたらす結果を見極め、その結果とそれを達成することの重要性を人々に伝えていくことである。

一方、リーダーのトランジションに対する責任は、人々を率いてトランジションを乗り越えることである。モーセは「トランジションにおけるリーダー」の好例と言える。モーセはエジプトでの生活を捨てるようユダヤ人を説得し、彼らを率いて荒野の旅を乗り越え、リーダーの地位をヨシュアに譲り渡し、新たなアイデンティティを備えた「新たな始まり」へと導いたのである［*］。

トランジションにおけるリーダーの役割は、トランジションの三段階を乗り越えるために必要とされるさまざまな行動を自ら実行に移すことである。トランジションに突入する以前に、あるいは一つの段階を乗り越えたときに、そこには終止符が打たれる。従って、リーダーはトランジションにおける自分の役割を「全五幕の劇」で演じるものだと考える必要がある。

【第一幕】トランジション以前

トランジションはまだ始まっていないが、あなたは変化が起こっていることに気づいている。周囲（経営陣も含めて）はまだそのことに気づいていないかもしれないが、トランジションを率いるという仕事はすでに始まっている。ここでは、「問題を理解させる」ことから始めるべきである（それをまだ実行していない場合）。リーダーのなかには、従業員を混乱させることを恐れて実行に移すのを嫌がる者もいる。しかし、そういうリーダーに限って、ひとたび変化が公になると、なかなか前に進もうとしない従業員に怒りを覚えるものだ。人々に問題を認識させ、リーダーに従って行動を始めるより先に、問題に対処すべきだということを理解させなければならない。

リーダーの役割は、あなた自身をトランジションへといざなうかもしれない。なぜなら、それは積極的で前向きな姿勢を保ち、これまでのリーダーシップのスタイルを手放すよう強要するからだ。これこそが、今日のリーダーと組織がトランジションに苦労する原因の一つなのである。

このトランジションマネジメントの準備期間において実行すべき二つめの仕事は、変化とは何か、なぜ変化が必要なのかを簡潔な言葉にまとめることである。こうした初期段階で、変化の詳細を述べることは不可能だが、いつ詳細な情報が提供できるかを大まかに伝えておくことは可能である。この言葉を繰り返すことによって、一貫性のあるメッセージを伝えることができるだろう。

トランジションに先立って実行しておくべき最後のことは、組織のリーダーに対する従業員の信頼の度合いを見極めることである。信頼度が低いと、トランジションが起こってから問題が生じやすい。従って、信頼を高める行動は、何であれ実行する価値がある。ここでは、やると言ったことを必ず実行することが特に大切である。また、リーダーと部下たちの間の感情的な結びつきを確かなものにし、誰もが同じ船に乗っているという意識を強めなければならない時期でもある。言うまでもなく、リーダーだけが特別待遇で従業員はリーダーとはまったく別の船に乗っていることが明らかになれば、どんな言葉もほとんど意味をなさなくなってしまう。覚えておこう。あなたの行動と、その行動が生み出す結果こそが、言葉を超えた強いメッセージを伝えるのである。

【第二幕】「終わり」の時期

この時期には、抵抗や反対意見に過剰に反応しないよう注意しなければならない。人々が抵抗しているのは、あなたが労力をつぎ込み、組織の未来にとっても必要不可欠な変化に対してではない。彼らは、いままでのやり方や、長い間頼ってきた状態を手放すことに抵抗しているのだ。彼らは、彼ら自身の世界と彼らを取り巻く世界（職場を家のような居心地のよい場所にしていた環境や景色）の両方を放棄しなければならないということを理解すべきである。悲嘆に暮れる人々に寛大な心で接しよう。怒りや抑うつといった悲嘆の側面だけに目を向けて、それを組織に対する個人的な反発ととらえてはいけない。

「終わり」を通過しているとき、人々は何よりも情報を欲している。しかし、皮肉なことに、彼らは情報を与えられても、その情報を記憶に留めておくことができない場合もある。それはストレスが原因である。人々が注意散漫になっていると感じたら、思い出してほしい。悲嘆とは、去っていくものを手放し、残ったものに注意を向けるという、複雑な心の分類プロセスをともなうものである。それには、膨大なエネルギーが必要となる。

このプロセスにおいて、リーダーは、手放すタイミングや手放す必要がないものを定義するという重要な役割を担っている。リーダーのなかには、「終わり」を強調することが人々を憂鬱にさせるのではないかと不安になり、この役割に消極的な者もいる。しかし、「終わり」だとことさら口にしなくても、人々を憂鬱にさせるものが「終わり」なのである。いまが手放すタイミングだとはっきりと伝えられないリーダーは、あとになって、人々が過去をいつまでも手放せず、「新たな始まり」を迎えているはずの時期に、トランジションの途中で身動きが取れなくなっていることに気づくだろう。

リーダーは、言葉ではなく行動で示すべきだと自覚しなければならない。しかし、トランジション期のリーダーは、言葉にばかり頼りがちになる。そのせいで、タイミングのよい象徴的な行動を通して明確なメッセージを伝えるチャンスを失ってしまう。遠方の拠点に出向き、いま必要とされるサポートを提供し、新しいやり方を推進するために場所や資金を割り当て、変化に消極的なリーダーを解任して別のリーダーを指名し、「終わり」におけるターニングポイントを記念する式典やイベントを計画する……こうした行動が「終わり」を印象づけ、いまこそ古いやり方を手放すときだというメッセージを伝えることになるはずだ。

【第三幕】「ニュートラルゾーン」の時期

ニュートラルゾーンでは、人々は戸惑い、混乱する。規則はどこにいったのだろう？　誰が何の役割を担っているのだろう？　新しい戦略は、これまでの優先順位に影響を及ぼすのか？　人々は、誰もが当たり前に必要としていたものを手放さなければならず、代わりを見つけるには助けが必要となる。このとき起こっている問題を理解するには、「CUSP」という言葉を覚えておくといい。人々が必要としているもの（そして現状では不足しているもの）は、コントロール（Control）、理解（Understanding）、サポート（Support）、そして優先順位（Priority）である。組織のメンバーが変化になじもうと努力しているとき、彼らは次のようなことを実行する方法を探している。

- **状況をコントロールする**：人には、仕事や将来や人生全般を自分自身でコントロールしているという実感が必要である。
- **何が起こっているのかを理解する**：組織の動向を把握し、トランジションのプロセスを理解していれば、より機能的に働くことができる。トランジションの用語（「終わり」「ニュートラルゾーン」「始まり」）を使えば、自分たちが抱いている感情がどこから来たのかを知る助けとなる。
- **支えられているという感覚を取り戻す**：変化が起こる以前、多くの人々は何らかのサポートを受けていたはずだ。だが、変化によって、そのサポート体制は機能しなくなってしまう。困難な時期にあっても、彼らの気持ちになって考え、精神的なサポートを提供することはできるだろう。

組織は自分たちが必要としている実用的なサポートを提供してくれていると彼らも実感することができるだろう。

- **新たな優先順位を明確にする**：実例や報酬などを提供し、優先事項の実践を促す。

このとき重要なのは、それがどんなことであれ、あなたが従業員や管理職たちを気にかけていると伝えることだ（あえてそのことを言うのは、部下のことを気にかけていないリーダーは、往々にしてそれが態度にはっきりと表れているため、心にもないことを口にしても偽善者だというレッテルを貼られるだけだからだ）。相手への関心を明確に表現する行動の一つが、聞くことだ。ニュートラルゾーンにおいて会話を良好に進めるには、自分が話すより相手の話をきちんと聞く能力が求められる。ＴＭＴの設置や従業員との非公式な会議も、話を聞く手段となるだろう。

ニュートラルゾーンは、一歩下がって現状を振り返る時期でもある。自分自身がトランジションに対処するときの困難ほどリーダーとしての能力を鈍らせるものはない。トランジションのプロセスのなかで自分の役割が変わったことに気づかなければ、リーダーは組織を導いてトランジションを乗り越えることはできない。組織の戦略や優先順位、組織文化における価値観、仕事の進め方などの変化は、それまで当たり前だと考えてきた個人としての指針に疑問を投げかけることになる。変化は新たなチャンスを与えてくれるが、その見返りとして、あなた自身が変わることを――そしてもちろん、トランジションも――要求する。その場合には、いまが手放すときなのかどうかを自ら問いかけ、トランジションへ進んでいかなければならない。

【第四幕】「新たな始まり」の時期

リーダーは、起こそうとしている変化の細部にとらわれ過ぎて、どんな結果を生み出そうとしていたのかを忘れてしまうことがないよう注意しなければならない。計画にばかり固執するリーダーは、時に副産物と本質の区別がつかなくなり、本質をおろそかにして、その副産物にこだわってしまうことがある。例えば、ＴＭＴから、ある計画が意図した通りに進んでいないと報告を受けると、こうしたリーダーは柔軟に対応するのではなく、もはや実行不可能となった計画にこだわろうとする。「始まり」は、組織の体制に柔軟性があり、状況を自分たちに合うように調整できればうまくいく。それがわかっているリーダーは、目指す約束の地がどこであれ、そこに人々を導いていくことができる。だが、そのことを理解していないリーダーは、そこから入ることができないにもかかわらず、思い描いていた〝約束の地への入り口〟を探して、時間を無駄にする。

優れたトランジション・リーダーは、新たな行動や態度にいち早く報いようとする。普段とは異なる、あるいはなじみのない行動に挑戦しようとする人間に報酬を与えることで大きな効果が得られることを念頭に置いておくべきだ。

また、リーダーは誰よりも先に「新たな始まり」を経験していることを忘れてはならない。長い間、変化とともに歩んできたリーダーは、変化を起こすべき理由を広い視野で考えることができる。また、古いやり方に代わる方法についても誰よりも理解しているだろうし、その古いやり方と自身のアイデンティティとの結びつきも、ほかの人間ほど強くはないはずだ。ここでリーダーは、トランジションにおいて自分が有利な立場にあることを自分にいいように解釈してはならない。自分が誰よりも賢明だから、あるいは優秀だから、トランジションに精通しているわけではない。単に、「新たな始まり」を誰よりも先に体験する立場にあっただけで、周囲が「新たな始まり」を始める頃には、自分のときとはまた違ったニーズが生まれているはずだ。誰もが自分と同じ見解やニーズを抱いているわけではないことを覚えておいてほしい。

【第五幕】トランジション以後

多くのリーダーが変化から変化へと渡り歩くが、その変化の一つ一つが、リーダーや組織がトランジションをどう乗り越えたのかを見直す機会となる。そうした棚卸し（そして、棚卸しによって明らかとなった体制や方法、性質の改善）は、組織を改善させる取り組みにとって不可欠であり、より大きな変化の一部として行われるべきである。繰り返されるトランジションをスムーズに進めるために十分な時間を確保できる組織は少ない。多くの経営幹部たちが、トランジションを今日当たり前に起こる出来事ではなく、偶発的な出来事として扱っている。

組織あるいはリーダーのトランジションへの対応力を強めることは、経営陣がそれを推進しようとしない限り、放置されがちな問題である。組織を率いてトランジションを通過することは、トランジションに対処できる能力を見極め、強めることでもある。変化の慌ただしさや展開の速さには、多くのリーダーの焦りが反映されている。私たちが以前コンサルティングした組織も同じだった。彼らは新しいウェブサイトを開設し、古いウェブサイトを閉鎖することにしたのだが、やり方にこだわりすぎて、結局、開設も閉鎖も、なかなか方針が定まらなかった。会議のたびに、プロセスを一から考えることになった――誰かが「ちょっと待てよ、それなら前にも検討したじゃないか。やり方はわかっているはずだ」と言い出すまでは。そう言ったのは、一人の幹部だった。

＊モーセが「約束の地」に足を踏み入れなかったことは、「新たな始まり」を始めるに当たっては、リーダーシップの形も変化しなければならないという真実を象徴している。その時点で、人々の意識変革は完了していて、より親しみやすいリーダーが必要とされたのだ。それがヨシュア――モーセよりも凡庸な人物――だった。現代の組織では、一人のリーダーがモーセとヨシュアの両方の役割を果たすこともできるが、「終わり」や「ニュートラルゾーン」においてトランジションの難関を通過すること、そして「新たな始まり」が始まる際に意識の転換が生じることに変わりはない。「新たな始まり」は、荒野――あるいは古いやり方を手放すこと（トランジションのきっかけとなり、『出エジプト記』においては「エジプト脱出」という言葉で表現されている出来事）で生じた変化――のなかで見いだされ、あるいは確立されたアイデンティティや目的を明らかにしているに過ぎない。

著者について

ウィリアム・ブリッジズ

職場内の変化および変化マネジメントを専門とする。ハーバード大学、コロンビア大学、ブラウン大学で学び、アメリカ社会の文明化というテーマで一九六三年に博士号を取得、アメリカ文学の教授も務めた。自身のキャリアにおける変化をきっかけとして、一九八一年、ウィリアム・ブリッジズ・アソシエーツを設立。変化の人間的側面であるトランジションマネジメントに焦点を当て、大きな事業や専門性、あるいは個人の人生における変化に関し、多くの組織や個人に対してコンサルティングを行ってきた。

世界的に知られる作家、講演者、コンサルタントとして、ウィリアム・ブリッジズの経験は、バクスターヘルスケア、シスコシステムズ、アップル、インテル、マイクロソフト、アメリカ合衆国エネルギー省、ボストン銀行、サウジアラムコ、トランスアメリカ、スタンフォード大学、ビザUSA、アストラゼネカ、マクケッソン、ハーバード・ビジネス・スクール等、数百もの企業の合併、組織再編、経営者交代、あるいは企業文化の改革に活かされてきた。ウォール・ストリート・ジャーナル紙の「アメリカにおけるエグゼクティブ教育実践者トップ一〇人」にも選ばれている。

二〇一三年没。

スーザン・ブリッジズ

ウィリアム・ブリッジズ・アソシエーツ会長であり、絶え間ない変化が引き起こす困難に直面したリーダーや組織のコンサルティングを行ってきた。変化やその結果のトランジションがもたらす成長や革新のチャンスを利用して、変化のダメージをやわらげる知識や手段を提供することに力を注いでいる。

かつては、国際的なコンサルティング会社の経営陣の一人として、創業期、転換期、成長期を通してリーダーシップを発揮し、助言を提供していた。ブルークロス・ブルーシールド、ヒューレット・パッカード、アプライドバイオシステムズ、シェブロン、プロクター・アンド・ギャンブル、リーバイ・ストラウス、バンク・オブ・アメリカ、YPO、モンテッソーリといった、公的、私的、あるいは非営利のさまざまな分野の事業体をクライアントに持つ。コロラド大学で神経言語学および心理学を中心に学び、学士号と修士号を取得している。

ウィリアム・ブリッジズ・アソシエーツ

www.wmbridges.com

注

第1章

1. Paul Hochman, "The Brand Killer," in *Fortune Small Business* (May 2002): 59ff.
2. "The Idea Generator," in *HR Reporter* 5.2 (February 1988): 3.
3. もちろん、「変化」と「トランジション」を同じ意味で用いることは誤りではないが、良い使い方とは言えない。だが多くの場合、「トランジション」という言葉は、失業といった劇的な変化を示すときに使われている。
4. 「終わり」「手放す」「喪失」といった概念は互いに関連し合っており、たいていは置き換え可能である。「終わり」は物事が停止したことを指す。「手放す」は、物事が停止したときにしなければならないことを指す。そして、「喪失」は、「手放す」ときに抱く感情を指す。
5. トランジションマネジメントのさらなる詳細については、付録を参照のこと。付録Aでは、組織のトランジションに対する準備態勢をチェックする方法について語っている（厄介な事態に陥る前に問題点を洗い出す助けになるはずだ）。付録Bでは、トランジションを計画的に進めるための一〇のステップを紹介している。付録C、DおよびEでは、組織をトランジションへと導き、プロセスの進捗具合を確認し、起こり得るトラブルを予測し、変化する現状に合わせて、人々のキャリアに対する考え方や行動を変えていくためにリーダーが担う役割について述べている。

第2章

1. Ralph Waldo Emerson, *Letters and Social Aims*, 1875.

第3章

1. 悲嘆のプロセスは、医学博士のエリザベス・キューブラー・ロスが著書のなかで語ったのが最初である。Elisabeth Kübler Ross, *On Death and Dying* (New York: Macmillan,1969).／邦訳『死ぬ瞬間――死とその過程について』（鈴木晶訳、中公文庫、二〇〇一年）
2. "In Leading Organization Transition, Albertsons Finds Preparedness and Retention." 2009, Linkage. http://www.linkageinc.com/info/case-study-albertsons.cfm を参照。

第4章

1. 「ニュートラルゾーン」という言葉は、アーノルド・ヴァン・ジュネップの示唆に富む研究からきている。ジュネップはこの言葉を、部族内の通過儀礼（人生で誰もが体験する分岐点を「乗り越える」ための儀式）の第二（あるいは中間）段階を表すものとして用いた。子供時代の終わりに迎える分岐点は、現代の欧米社会においては「成人式」という形でよく知られている。こうした三段階の変革プロセスは、部族内の儀式の基本となるものであり、同様の儀式が人生のなかのさまざまなトランジション・ポイントにおいて行われることになる。こうした部族の儀式と、トランジションの三つのプロセスとの相関関係は、単なる類似性に留まるものではない。この二つを比べてみれば、組織が変化を迎えているとき（そしてトランジションに突入しようとしているとき）に私たちが体験するのは、まさに儀式の形をとらない通過儀礼――かつては儀礼として行われていたが、今日の社会ではその形式が失われてしまったもの——なのだということがよく理解できるだろう。Arnold van Gennep, *Rites of Passage*, translated by Monika B. Vizedom and Gabrielle L. Chaffee (Chicago, IL: University of Chicago Press, 1960).

2. John Gardner and Francesca Gardner Reese, eds., *Quotations of Wit and Wisdom* (New York: W. W. Norton, 1975)

3. Roger A. Golde, *Muddling Through: The Art of Properly Unbusiness Like Management* (New York: AMACOM Books, 1979)

第5章

1. アイデアだけで事業に乗り出す者もいるかもしれない。それが組織のリーダーであった場合、部下たちがそのアイデアに（自分ほど）直観を感じていないと気づかない可能性がある。そうなると、リーダーはせっかくのアイデアに周囲がなぜ二の足を踏んでいるのかを不思議に思うだろう。アイデアだけで行動に駆り立てられるのは、そのアイデアに夢中の人間だけだということを、リーダーは自覚すべきだ。四つのPのうち、最低でも一つを提示することができなければ、人は動かないだろう。

2. ここで用いているイメージという言葉は、今日の企業において「ビジョン」と呼ばれている概念と共通する部分が多い。だがビジョンは、「洞察力」という言葉と結びついており、超自然的な使われ方をすることが多い——まるでビジョンそのものに、組織を活性化させたり、人々を率いたりする力があるかのように。私の考えは違う。多くのビジョンは空想の産物であり、それを唱えるリーダーは、物事を現実的に見ている部下たちからは敬遠されがちだ。アイデアを示しただけでやる気になり、実行に移す人間がほとんどいないため、ビジョンだけが先行することになってしまう。カール・ユングの提唱したタイプ別分類に従えば、思考タイプの人間はアイデアに影響されやすく、直感タイプはビジョンに影響を受けやすい。一方、感覚タイプは計画を重視し、感情タイプはアイデアを実行に移すにあたり、何らかの役割を必要とする。

3. 継続的な変化への具体的な対処方法については、第6章を参考のこと。

4. トランジションのプロセスがそれほど進んでいない場合、ここまでに紹介した戦略の多くが時期尚早に思えるかもしれない。しかし、心配することはない。自分の状況に合った戦略を選び、残りは今後の行動を決める指針として利用すればよい。戦略をうまく活用して、あなた独自のトランジションマネジメント計画を立ててほしい。

第6章

1. アディゼスの論文（もっと評価されるべき論文である）は以下に掲載された：*Organizational Dynamics* (Summer 1979), 3-25.

2. 「段階」の考え方についてはアディゼスの論文を参考にしたが、本書に掲載されているステージは、私が二〇年かけて独自に研究し、再構築したものである。

3. 実績をあげた組織で役員のコンサルティングを行ったとき、こんな話をした。「この時点で組織がやりそうなことは、会議室をもっと広くて立派なもの――高級そうな、大きな会議机が置かれているような――にすることでしょうね」。すると、その場にいた全員が笑い出し、CEOは顔を真っ赤にした。彼はちょうど、そんな机を据えつけたばかりだったのだ。

4. 本章の題辞を振り返ってみれば、アディゼスも「それまでとは異なる役割」や「それまでとは異なる組織の行動」（それらはライフ・サイクルの新たなステージに進む組織にとって欠かせないものである）を重視していたことがわかるはずだ。彼が言及しているのは、組織のメンバーが体験するトランジションについてではなく、組織が起こそうとしている状況の変化についてである。状況の変化ももちろん重要だが、われわれの関心は別のところにある。

5. このエピソードは以下で詳述されている：Elting Morison, "Gunfire at Sea: Conflict over a New Technology," *Engineering and Science*, (April 1950).

6. 同右。

第7章

1. John Naisbitt, *Megatrends: Ten New Directions Transforming Our Lives* (New York: Warner Books, 1983).／邦訳『メガトレンド』（竹村健一訳、三笠書房、一九八三年）

2. Walter Macrae, "The Coming Entrepreneurial Revolution," *The Economist*, November 25, 1976.

3. ここで注意すべきことは、正直さを敵意の隠れ蓑や言い訳にしてはならないということだ。そうした正直さは、不誠実さと同じくらいの速さで信頼を損ねることになる。

4. この例が示しているように、ここで言う「チャレンジ」には深い意味が込められている。私がコンサルティングを担当している組織でも「チャレンジ」を、状況を前向きにとらえるため――そして「問題」という言葉を避けるため――の言葉として日常的に使っているケースが多く見られる。問題をきちんと語ろうとしない組織は、トランジションに対処するときに、大きなハンディキャップを背負うことになる。

■著者紹介

ウィリアム・ブリッジズ（William Bridges, PhD）

世界的に知られる講演者、コンサルタント、作家であり、変化についての権威として知られる。数十年にわたって数千人もの個人と数百を超える組織に対し、トランジションに生産的に対処する方法を示した。2013年没。

スーザン・ブリッジズ（Susan Bridges）

ウィリアム・ブリッジズ・アソシエーツ会長。絶え間ない変化が引き起こす、困難に直面したリーダーや組織のコンサルティングを行っている。トランジション期の成長や革新のチャンスを利用して、変化のダメージを和らげる知識や手段を提供している。カリフォルニア州マリン郡在住。

■訳者紹介

井上麻衣（いのうえ・まい）

社内翻訳や留学関連の仕事に従事したのち、フリーランスの英語翻訳者となる。現在は書籍翻訳にも携わっている。訳書に『僕はガウディ』（井上舞名義／パイインターナショナル）がある。

翻訳協力：株式会社リベル

本書の感想をお寄せください。

お読みになった感想を下記サイトまでお送りください。
書評として採用させていただいた方には、
弊社通販サイトで使えるポイントを進呈いたします。

https://www.panrolling.com/execs/review.cgi?c=ph

2017年12月３日 初版第１刷発行
2023年12月１日 第２刷発行

フェニックスシリーズ ⑹①

トランジション マネジメント
――組織の転機を活かすために

著　者　ウィリアム・ブリッジズ、スーザン・ブリッジズ
訳　者　井上麻衣
発行者　後藤康徳
発行所　パンローリング株式会社
〒160-0023　東京都新宿区西新宿 7-9-18　6階
TEL 03-5386-7391　FAX 03-5386-7393
http://www.panrolling.com/
E-mail　info@panrolling.com
装　丁　パンローリング装丁室
印刷･製本　株式会社シナノ

ISBN978-4-7759-4185-0